Esther Donkor
WURZELBEHANDLUNG
Deutschland, Ghana und ich

AF146051

Esther Donkor

WURZELBEHANDLUNG

Deutschland, Ghana und ich

Präsentiert von:

KrauseLocke

Bibliografische Information der Deutschen Nationalbibliothek:
Die Deutsche Nationalbibliothek verzeichnet diese Publikation in
der Deutschen Nationalbibliografie; detaillierte bibliografische Daten
sind im Internet über http://dnb.dnb.de abrufbar.

2. Auflage, August 2016
© 2016 Esther Donkor

Illustration: Donkor / Mau
Korrektorat: Claudia Fiedler, Alexander Mau, Ingeborg Schmitz
Umschlag/Covergestaltung: Alexander Mau (YOURZ)

Herstellung und Verlag: BoD – Books on Demand, Norderstedt

ISBN: 9783739218120

INHALT

DANKE

Vielen Dank an meine Eltern, dass sie mir und meiner Schwester das Leben schenkten. Danke an meine Mutter für die Liebe zu Büchern und Danke an meinen Vater, dass er mir mehr von sich offenbarte. Vielen Dank an Alex, meine große Liebe. Vielen Dank an Inge fürs Lesen und Bestärken. Vielen Dank an meine Freunde. Wenngleich das Schreiben mich oft in Beschlag nimmt, seid ihr immer da. Vielen Dank an Inga Hecht für die Liebe zum Schreiben. Vielen Dank an die netten Menschen, die ich in Ghana treffen durfte. Vielen Dank an meine Schwester und den Rest meiner Familie. Dieses Buch widme ich meinem Opa Ludwig. Möge er in Frieden ruhen.

WIE IST ES SO IN AFRIKA?

»Ich heiße Esther Donkor«

»Oh! Donkor? Wie der Fußballspieler!«

»Ja genau wie O'Donkor. Nur ohne das O«

»Oh! Seid ihr verwandt?«

»Ja klar! Das ist mein Bruder«

»Ehrlich?«

»War'n Scherz«

»Ah. Und woher kommst du?«

»Aus Köln«

»Nein. Woher kommst du wirklich?«

»Aus Deutschland?«

»Nein. *Wirklich*, wirklich?«

»Ach so. Also, mein Vater wurde in Ghana geboren und meine Mutter in Deutschland, genauso wie ich. Wobei mein Vater auch Deutscher ist, denn er lebt seit über dreißig Jahren in Deutschland, hat den deutschen Pass und braucht ein Visum, um in Ghana einreisen zu können. Wo Ghana liegt? In Westafrika an der Goldküste. Welche Sprache man dort spricht? Englisch, ja. Wegen den britischen Kolonien damals. Und Chinesisch, wegen den vielen Asiaten heute. Die haben die Rohstoffe des Landes für sich entdeckt. Aber es werden auch zahlreiche andere Sprachen gesprochen. Mein Vater spricht Twi. Ob ich das auch spreche? Nein, leider kein Wort. Er brachte es mir nicht bei. Wie es so ist in Afrika? In Ghana? Das weiß ich nicht. Ich war noch nie in Afrika. Ja, echt schade. Das hat sich leider noch nicht ergeben. Ja, das muss ich unbedingt nachholen, stimmt. Jepp. Ich weiß. Ja, ja«

Am 9. August 1996 sprang die afrodeutsche Dichterin May Ayim von einem Hochhaus. Sie litt unter dem Blues in Schwarz-weiß. Sie litt und sprach:

»Ich möchte von Dir, die Du mir begegnest oder begegnen könntest, nur danach beurteilt werden, was ich Dir mit meinem Frausein

zum Ausdruck bringe und nicht nach meiner Nationalität oder Hautfarbe! [...] Als ich geboren wurde, war ich nicht schwarz und nicht weiß. Vor allen Namen, die ich bekam, hieß ich 'Mischlingskind'«[1]

Mischling. Ein verbotenes Wort. Mit erhobenem Zeigefinger sagen die politisch Korrekten:»Mischling? Du bist doch kein Hund!«

So bin ich also Schwarz. Afrodeutsch. Politisch korrekt. Ich leide nicht mehr. Oder doch?

Mit der Kultur meines Vaters verbindet mich kaum etwas. Ich spreche seine Sprache nicht und langsam aber sicher tut das richtig weh. Wie Zahnschmerzen nagt das Verlangen an mir, sein Geburtsland endlich zu besuchen. Ich glaube, ich brauche eine *Wurzelbehandlung.*

»Könnt ihr nicht noch bisschen warten?«, fragt mein Vater.

»Nein! Nimm uns endlich mit!«, rufen meine Schwester und ich.

»Ich will erst alles arrangieren«

»Das sagst du immer, als würden wir dir nichts bedeuten. Als wären wir dir egal«

Es gibt einen Dokumentarfilm namens *Portrait Of A Lone Farmer.* Der Regisseur heißt Jide Tom Akinleminu, seine Mutter ist Dänin, sein Vater Nigerianer. Der Vater entschloss sich irgendwann dazu, seine Familie in Dänemark zu verlassen, um wieder in seinem nigerianischen Heimatdorf zu leben. In dem Film beobachtet der Sohn das Leben seines Vaters in einem für Jide fremden Alltag. An einer Stelle des Films sagt jemand etwas über *children of mixed marriages* - Kinder, bei denen ein Elternteil aus Afrika stammt und der andere aus Europa. Diese Kinder seien wie Vögel mit zwei unterschiedlichen Flügeln. Wenn ein Flügel bricht, fliegen sie mit dem stärkeren weiter.

---

[1] May Ayim, 1986

Morgen ist es soweit, am 9. August. Morgen fliegen wir nach Ghana. Endlich. Meine Schwester Diana, mein Vater David, sein bester Freund James, mein Freund Alex und ich.

Mein schwacher Flügel muss sich jetzt ausruhen. Er hat einen langen Flug vor sich.

DER REICHE MANN

Mein Koffer platzt aus allen Nähten, vollgepackt mit Gastgeschenken. Kinkerlitzchen wie Lippenpflegestifte, Nagellack, Spielzeug, Gummibärchen und Bonbons. Muss das wirklich sein? Die ghanaischen Kinder bekommen doch alle die Zuckersucht. Aber was schenkst du jemandem, dem du noch nie zuvor begegnet bist?

Mein Vater sagt, wenn er in Ghana Leute besucht, muss er auch immer etwas mitbringen. Bestenfalls Geld. Die Menschen dort denken, er sei ein reicher Mann, weil er in Europa lebt.

»Wenn du mit ihnen in Ghana lebst, dann fragen sie nicht und lassen dich in Ruhe«, sagt er. »Aber selbst, wenn du nur für ein paar Tage ins Nachbarland nach Togo reist und wieder zurückkommst, dann heißt es: Da kommt der reiche Mann! Gib uns was ab von deinem Reichtum!«

Wir sollen aufpassen, wenn wir in Ghana sind, und keinen Luxus erwarten, sagt er. Und Pfefferspray, ob wir Pfefferspray hätten, fragt er. Falls uns jemand beklauen will. Dann erzählt mein Vater eine Geschichte vom Strand in Accra. Musiker gaben ein Konzert und ein weißer Mann tanzte begeistert und ausgelassen. Ein paar Jungs nutzten die Chance und klauten dem unaufmerksamen Traumtänzer das Portmonee hinten aus der Hosentasche. Doch mein Vater und ein Freund beobachteten die Diebe, liefen ihnen hinterher und fanden das Portmonee am Straßenrand liegend. Ausweise und Pässe waren noch drin. Nur das Geld fehlte. »Es gibt einfach nicht genug Arbeit in Afrika«, sagt mein Vater. »Die wissen, dass sie lange ins Gefängnis müssen, wenn sie erwischt werden – und trotzdem klauen sie!«

Die korrupten Regierungen würden alles nur noch schlimmer machen. Es herrsche Armut und Hoffnungslosigkeit. Da müsse man helfen. Und so schickt David Monat für Monat Geld nach Ghana. Geld für seine kranke Mutter. Geld für seine Schwester und ihre Kinder. Geld für seinen Bruder, Geld für die Häuser, für seine Orangenplantagen und die Ananasfarm, für die Familie und gute Freunde.

Aber mein Vater ist kein reicher Mann. Seit ich denken kann, steht er in aller Herrgottsfrühe auf und fährt zur Arbeit. Heute steht er am Fließband. Damals war er Wasserinstallateur und wurde von seinen Arbeitskollegen schikaniert. Aber das ist eine andere Geschichte.

SCHOKOBABY

Das Licht der Welt erblickte ich in Köln im Mai neunzehnhundertfünfundachtzig. Meine Eltern erzählten mir, dass ich mein Sehvermögen eines Morgens in der Wartehalle des Finanzamts erlangte. Ich schlummerte im Arm meines Vaters, während meine Mutter im Büro mit den Beamten sprach. Irgendwann öffnete ich die Augen, blickte direkt ins Antlitz dieses damals noch jungen, schwarzen Mannes und begann unverzüglich und mit voller Kraft zu brüllen. Im Nachhinein tut mir mein Vater echt leid, denn ich kann mir gut vorstellen, wie die Leute diesen Afrikaner angestarrt haben müssen, der es wagte, das arme, schnuckelige *Schokobaby* so zu erschrecken.

Nach diesem Vorfall dauerte es nicht mehr lange und mir wurde bewusst, dass ich, genauso wie mein Vater, optisch für viel Aufmerksamkeit sorge. Am auffälligsten war es in meiner frühen Kindheit immer dann, wenn ältere Damen ihre knorrigen Finger zu mir in den Kinderwagen ausstreckten, mir beherzt in die Gesichtsbacken kniffen, später ungefragt durch meine Krauselöckchen wuschelten und meine Mutter fragten:»Nä, wat is dat sööß! Aus welchem Land han se dat sööße *Schokobaby* dann adoptiert?« »Dat han isch nit adoptiert, dat han isch selvs jemaach!«, antwortete Mama dann, obwohl sie eigentlich nie Kölsch spricht und auch für Karneval nicht viel übrig hat. Ihre Antwort zeigte aber meist Wirkung, denn sie hatte zur Folge, dass sich die Damen verstört, oft sogar mit einem Hauch von Ekel im Gesicht von uns abwandten. Aus dem *söößen Schokobaby* wurde so auch schonmal die *dreckelige Mulatte*.

Meist flohen wir nach solchen Angriffen in die Stadtbibliothek (wenn wir nicht ohnehin schon auf dem Weg dorthin waren, denn meine Mutter liebt Bücher). Während Mama nach neuen Krimis und Romanen stöberte, verbrachte ich die Zeit in der Kinderabteilung der Bibliothek, wo ich mich (bedingt durch den bei Dreijährigen üblichen, frühkindlichen Analphabetismus) zunächst durch sämtliche Bilderbücher blätterte. *Jim Knopf, Pippi Langstrumpf, Der Struwwelpeter.* Außerdem hörte ich Hörspielkassetten rauf und runter, bis ich sie auswendig mitsprechen konnte. *Ducktales, Gummibärenbande, Norbert Nackendick, die Gebrüder Löwenherz* oder *Peter und der Wolf.* Ich kannte sie alle, tauchte immer voll und ganz in jede Geschichte ein. So tief, bis ich selbst ein Teil ihrer Welt wurde und alles um mich herum verschwamm.

Nachdem mir die *Sesamstraße* das ABC beigebracht hatte, widmete ich mich den Büchern mit Text und verbrachte später fast jeden Nachmittag in der kleinen Bücherei am Hansaring, in dessen Räumlichkeiten sich heute ein Gardinengeschäft befindet. Ich verschlang die Bücher von Otfried Preußler, Erich Kästner, Michael Ende oder Angela Sommer-Bodenburg und bemerkte nach einer Weile, dass irgendetwas fehlte. Dass ich im *kleinen Vampir* keine Identifikationsfigur finden konnte, war klar. Außer *Momo* und den hier und da erwähnten *kleinen Negerlein*, gab es in den Büchern allerdings kaum jemand anderen, der mir ähnelte.

Auf die oft gestellte Frage, was ich denn mal werden wolle, wenn ich groß sei, antwortete ich: »Wenn ich groß bin, dann will ich entweder Erfinderin werden oder auch mal Bücher schreiben über Leute, die so aussehen wie ich«

Jetzt bin ich groß. Zumindest erwartet die Gesellschaft von mir, dass ich groß bin. Großgewachsen bin ich auch, keine Frage. Ein Meter zweiundsiebzig und dazu die voluminösen, krausen Haare auf dem Kopf, die das Gesamtbild optisch aufplustern. Aber groß? Also, so richtig groß und angekommen und erwachsen?

Irgendwer hat mal gesagt: »Wenn du nicht weißt, woher du kommst, kannst du auch nicht wissen, wohin du gehst«[2]
Auf nach Ghana. Ja, auf nach Afrika.

OLIVERS TWIST

Kurz vor der großen Reise mache ich mir mit Mama einen schönen Tag. Sie wird nicht mitkommen nach Ghana.

»Was soll ich denn schon wieder da?«, sagt sie. Mama war schon oft in Ghana und im Grunde war ich auch schon einmal dort, Mitte der Achtzigerjahre in ihrem Bauch. Gemeinsam sind wir damals mit dem Zug von Köln nach Berlin getuckert. Mit der *DDR Interflug Gesellschaft* ging es dann von Berlin-Schönefeld weiter nach Odessa in die Ukraine. Von Odessa flogen wir nach Moskau und nach einem zehnstündigen Aufenthalt in Russland beförderte uns *Aeroflot* nach Tripolis in Libyen. Hier dauerte der Aufenthalt in einer von Gaddafi-Postern gepflasterten Flughafenhalle nur drei Stunden, bevor wir die Reise fortsetzten und nach Kissidougou in Guinea flogen. Anschließend ging es nach Douala in Kamerun und von Kamerun dann endlich nach Accra.

---

[2] Afroamerikanische Philosophie

»Das war ganz preiswert so, das konnten wir uns leisten«, sagt Mama. Leider bekam ich davon nicht viel mit, denn ich war ja erst halbfertig.

Mama flog auch ohne Gelbfieberimpfung. »Früher hat man sich noch nicht so viele Gedanken gemacht«, sagt sie und schüttelt den Kopf. Ihre Ärztin habe sie nicht darüber informiert. Heute ist das anders. Zeiten ändern sich. Vor meinem Reiseantritt nach Westafrika (als mittlerweile ausgewachsener Mensch) musste ich mir Malariatabletten verschreiben und mich gegen Gelbfieber impfen lassen. Bei dieser Gelegenheit bemerkte die Tropenärztin dann auch, dass die Wirkung meines Impfschutzes gegen Masern, Kinderlähmung, Mumps, Röteln, Tetanus, Diphtherie, Typhus, Hepatitis A und B und viele weitere Erkrankungen bereits vor mehreren Jahren versiegt war. Der Medikamentencocktail, der mir in den darauffolgenden Wochen verabreicht wurde, legte mich flach und brachte meine Mutter zum Schmunzeln. »Früher war das anders. Da waren die Menschen noch nicht so empfindlich«

Mama erzählte mir von Geckos, die in Ghana an den Zimmerwänden hinaufklettern, von Schlangen, Spinnen und Insekten. Sie fragt, wie ich das nur aushalten will. Ich sei doch so zimperlich. Im Impffieberwahn hatte ich daraufhin Alpträume, in denen mich riesige Mücken stachen und mit Ebola infizierten, überlebensgroße Schmetterlinge verfolgten mich und Fledermäuse und erhobene Zeigefinger. »Achtung, Achtung! Reisen Sie bloß nicht nach Westafrika! Vor allem nicht ohne Auslandskrankenversicherung!«

Jetzt bin ich wieder gesund und die Impfungen wirken. Mama und ich essen Döner mit Pommes, gehen in die Bücherei und ein bisschen bummeln. Die Gedanken an Insekten und Ebola sind verschwunden. Der *Verdräng-Modus* und auch der *Alles-wird-gut-Modus* laufen auf Hochtouren.

An der U-Bahnstation Ebertplatz sitzt Oliver auf einer Bank. Der obdachlose Schwarze, der früher mal mit meinem Vater befreundet war. Heute ist er durchgedreht. Er trinkt und pflegt keine sozialen Kontakte mehr. Mama erzählt mir, dass er vor Jahren von einer Frau angezeigt wurde. Eine deutsche Frau, die behauptete, von Oliver vergewaltigt worden zu sein. Oliver hatte das immer abgestritten, aber niemand glaubte ihm. Er kam ins Gefängnis.

»Dann ist er ausgeflippt«, sagt Mama. Sie schickten ihn in die Psychiatrie nach Köln-Merheim. Er büxte aus. Immer wieder. Bis sie ihn entließen. Abgestempelt. Nicht heilbar.

Jetzt lebt Oliver auf den Straßen des gelobten Landes. Ein Land, das Menschen auch ganz schnell zu depressiven Wracks verkümmern lassen kann. Menschen, die hierherkommen und sich ein besseres Leben erträumen – fernab von Armut, Krankheiten und Insekten. Menschen, die hierherkommen, weil sie nicht anders können. Dem hält selbst mein *Verdräng-Modus* nicht stand.

–

»Hier bei uns haben wir uns ja in ein Nest begeben, in dem wir eine Lebensversicherung, eine Laptop- und eine Hundeversicherung brauchen, um angstfrei Brötchen kaufen zu können, und aufs Spiel setzen wir das allenfalls für drei Wochen mit einer Rundum-sorglos-Versicherung für den Urlaub. Aber die Menschen in unseren Industrieländern leiden natürlich höllisch darunter, dass sie eigentlich schon gar nicht mehr da sind und das Leben vor lauter Versicherung kaum noch spüren, und wenn ein derart beschädigter Mensch dann nach Afrika reist, um dort zu erklären, wie es läuft, nimmt das groteske Ausmaße an«[3]

---

[3] Schlingensief, Christoff (2010): Die Nanosekunde des Glücks

GERMAN ANGST

Gestern saß ich nach Feierabend ein bisschen mit Opa im Garten. Er freut sich, dass seine Enkelinnen endlich nach Ghana reisen. Er sagt aber auch, dass wir über eine zweite Staatsbürgerschaft nachdenken sollen. Man wisse nie, was passiert, und er habe schon zu viel miterlebt in diesem heute sicher scheinenden Land.

Wir quatschten und ich wünschte, ich könnte noch viel mehr mit ihm quatschen. Aber ich bin leider nicht so die Quatscherin. Dafür habe ich mir ein neues Notizbuch besorgt. Für Ghana. Warum eigentlich? Da sind so viele unausgesprochene Worte in mir. So viele Zeilen in zahlreichen Notizbüchern und Word-Dokumenten, die noch keine Menschenseele zu lesen bekam. Blöd von mir. Generell passieren blöde Dinge. Es herrscht Krieg auf der Welt. Gerade heftig in Syrien und zwischen Israel und Palästina und auch in der Ukraine. Direkt nebenan brennen die Straßen, und Menschen kämpfen um ihre Freiheit, während wir gemütlich auf unseren Sofas sitzen und das Fernsehprogramm wechseln, weil es zu viele schlechte Nachrichten gibt.

Und Flugzeuge stürzen ab und der sogenannte *Terror* breitet sich immer weiter aus wie ein Geschwür. Durch Waffenexporte befeuerte, hartnäckige Metastasen. Du weißt nicht, wo sie als nächstes in die Luft gehen. Als Gegenmaßnahme wird Terror mit Terror bekämpft. Die Katze beißt sich in den Schwanz.

Alle haben Angst. Und ich habe Angst. Richtig Schiss, hier in meiner Seifenblase des Lebens in Deutschland, deren schützende Atmosphäre ich ausgerechnet in diesen gruseligen Zeiten verlassen werde, nur um zu mir selbst zu finden.

Identitätssuche. Die Suche nach dem eigenen Selbst.

Hashtag Egotrip.

Ich bin jetzt neunundzwanzig Jahre alt und fliege nach Ghana ins Heimatland meines Vaters. Das Unvorstellbare ist bald schon Realität.

Alle haben Angst. Und ich habe Angst. Richtig Schiss. Ich habe Schiss, dass es mir nicht gefällt. Ich habe Schiss, dass es mir zu gut gefällt. Ich hab Schiss vor der An- und Rückreise. Ich habe Schiss, dass irgendwas Schlimmes passiert. Nicht nur mir, sondern denen, die ich liebe und die hier zurückbleiben. Aber das darf es nicht.

Mein Opa muss ins Krankenhaus. Risikooperation am Herzen. Aber er soll noch meine Texte lesen und meine Ghanageschichten hören. Und bei meiner Hochzeit muss er dabei sein, sollte ich jemals heiraten. Zumindest ein Urenkelkind soll er auf dem Arm halten dürfen. Alle müssen einfach noch warten. Leben. So bleiben. *Ich will das so.*

Wir werden Verwandte treffen in Afrika. Meine ghanaische Oma. Was soll ich ihr schenken? Mir fällt nichts ein. Allgemein habe ich das Gefühl, dass ich diese Reise viel zu emotionslos antrete. Zu unvorbereitet.

Bei *YouTube* gibt es ein Mädchen aus Ghana, die gibt Tipps für die Reise in das westafrikanische Land. Zum Beispiel, dass man dort nicht mit der linken Hand essen sollte und man fremde Leute auf der Straße getrost begrüßen kann, indem man ihnen hinterher zischt. »*Sssst!*« Hier unvorstellbar unverschämt. Dort anscheinend ganz normal. Die *YouTuberin* sagt auch, dass wir unbedingt mit einem guten Gefühl, mit einer positiven Einstellung nach Ghana kommen sollen, dann wird es eine schöne Reise. Positive Einstellung. Das Gesetz der Anziehung. Du bist was du denkst, was du fühlst, das bist du. Na toll.

In den Nachrichten täglich Ebola in den Schlagzeilen. Besorgte Blicke überall, wenn ich von der Reise nach Westafrika spreche. Menschen, die sagen: »Wie? Du fliegst nur zwei Wochen? Das ist doch nichts! Das ist viel zu kurz und lohnt sich nicht!«

Soll ich dann einfach hierbleiben, wenn es sich ohnehin nicht lohnt? Vernebelte Sinne. Keine Vorfreude mehr, so richtig. Und noch mehr Angst. Die Tatsache, dass ich noch nie in Ghana war, diente mir lange als Sündenbock für viele Dinge, die schief laufen in meinem Leben.»Ich sehe anders aus, bin die Außenseiterin! Identitätskrise und mein Vater ist schuld, weil er uns noch nie nach Ghana mitgenommen hat! *Buhuhu*!«

Und jetzt heule ich wieder rum, weil ich zu wenig Vorfreude habe. Als sei ich so etwas Besonderes. *Ich, ich, ich*. Immer im Mittelpunkt und beladen mit *First World Problems*. Im Wohlstand lebe ich hier, so sieht es doch aus! Ich habe die Freiheit und die Mittel, einfach so nach Afrika zu fliegen und wenn ich wollte, könnte ich sogar bleiben. Wie sähe es umgekehrt aus? Schluss jetzt!

SIND WIR SCHON DA?

»No! No more toilet!«

Eine Blondine in dunkelblauem Kostüm glaubt, ich spräche kein Deutsch und fuchtelt mit ausgestreckten Armen über ihrem Kopf herum. Ich bin schweißnass gebadet. Die Lunge brennt, der Gurt meiner vollgepackten Sporttasche schneidet sich in meine Schulter. Außerdem muss ich aufs Klo, laufe dann aber weiter, an den Toiletten vorbei, den anderen hinterher, halte meine Bordkarte über einen Scanner, hetze durch eine Glastür, eine Treppe rauf und eine andere wieder runter, steige in einen Bus, der draußen mit geöffneten Türen auf uns wartet. Es sind noch Plätze frei. Ich wähle einen Sitz am Gang und atme auf, halte dem Blasendruck stand. Wir haben es fast geschafft. Ich schiebe die Gedanken an den verspäteten Zug, das Frankfurter Flughafen-Labyrinth und die neue und langsame Mitarbeiterin am *Check-In*-Schalter beiseite, versuche nicht mehr an teure Visakosten und Impfungen zu denken und schon gar nicht an Flugzeugabstürze und Terroristen.

Der Bus zum Flugzeug setzt sich in Bewegung. Es geht los. Endlich. Der Weg bis hierhin war lang genug. Für mich neunundzwanzig Jahre lang. Mein Vater David wurde in Ghana gebo-

17

ren und wuchs dort auf. In den Achtzigerjahren kam er nach Deutschland und ist heute deutscher Staatsbürger. Alle paar Jahre fliegt er für einige Wochen nach Ghana, Verwandte und Freunde besuchen, Dinge regeln und Häuser bauen für seine Familie. Auch ein Haus für uns, für seine Töchter. »Wenn das Haus fertig ist, dann könnt ihr mitkommen«, sagte er mir und meiner zweieinhalb Jahre jüngeren Schwester Diana Jahr für Jahr für Jahr. Doch der Hausbau zog sich wie Kaugummi, stagnierte immer wieder, wenn unser Vater nicht vor Ort war, um die Baustelle zu kontrollieren. Auch das mühsam verdiente Geld reichte vorne und hinten nie aus, sodass sich eine Ghanareise für meine Schwester und mich immer wieder verschob.

In der Pubertät machte mir das nichts aus. Meistens flog Vater in den Sommerferien nach Ghana und ich nutzte die sturmfreie Zeit, um Freunde einzuladen und länger draußen zu bleiben, als er es erlaubte. Erst mit zunehmendem Alter begann ich mich intensiver mit mir und meiner Identität auseinanderzusetzen und fiel irgendwann in ein tiefes Loch. Meine Schwester und ich, wir haben über zehn Cousinen und Cousins in Ghana, die wir noch nie kennen gelernt haben. Genauso wenig unsere Tanten und Onkel oder unsere ghanaische Oma und den Opa, der vor Jahren schon starb. Ein Teil meiner Herkunft, den ich nicht kenne. *Wer bin ich überhaupt und was mache ich hier?* Philosophische Fragen, die man sich hierzulande gerne stellt. Es ist an der Zeit, eine Antwort zu finden.

Und hier sitze ich nun. Im Flugzeug nach Accra. Da klebt etwas Braunes in der Ritze unterm Getränkehalter am Vordersitz. Außerdem entdecke ich einen Rotweinfleck über dem Monitor, der gerade anzeigt, dass sich unser Flugzeug über der Nordsahara befindet. Geckos, Spinnen und Insekten. *Du bist ja so empfindlich.* Ich schiebe die Gedanken an Mamas Worte beiseite.

»Möchten Sie noch etwas trinken?«, fragt der nette Steward mit der Brille und den sympathisch hängenden Mundwinkeln. Kurz überlege ich, ob ich ein Glas Sekt bestellen soll. Nur so zur

Beruhigung, zum Runterkommen, gegen den Ekel, der bereits in mir hochsteigt. Aber da muss ich jetzt durch, nüchtern.

»Ein Wasser bitte«

»Wasser still oder laut?«

Ich entscheide mich für lautes Wasser und dafür, die Flecken zu ignorieren, den Ekel von mir zu streifen, ein für alle Mal. Wer weiß, was mich noch erwartet in Afrika, welch unhygienische Zustände ich ertragen muss? Und wie wird es mit dem Essen sein? Werden wir es vertragen? Werden wir uns vertragen? Ich nehme einen großen Schluck. Die Kohlensäure sprudelt meinen Hals herunter. Ich leere den Plastikbecher und schließe die Augen. Schluss jetzt mit billigen Klischees und Vorurteilen. Für alle Fälle habe ich ja Desinfektionsmittel dabei, denke ich und atme tief durch. Dann döse ich ein.

Anderthalb Stunden vor Landung servieren die Flugbegleiter Pizza und Calzone.

»Die letzte Pizza, die ihr für zwei Wochen bekommt. Lasst euch euer Abendessen schmecken«, sagt David und grinst. Ich spüre mein Herzklopfen, als die Stewardessen blaue Pappkarten verteilen. *Welcome to Ghana Customs Declaration.*

»Das ist für die Einreise, Zoll und so«, erklärt unser Vater. Wir haben nur einen einzigen Kugelschreiber, füllen unsere Karten nacheinander aus, beantworten Fragen zu Adresse, Aufenthaltsdauer und darüber, wie viel Geld wir bei uns tragen.

Und dann sind wir da. Kurz nach dreiundzwanzig Uhr, deutsche Zeitrechnung. Kurz nach einundzwanzig Uhr, ghanaische Zeitrechnung.

Wir sitzen in einer Mittelreihe in diesem riesigen Flugzeug. Trotzdem versuche ich, Blicke aus einem der kleinen, ovalen Fenster der Seitenreihen zu erhaschen. Draußen ist alles schwarz, doch als der Flieger eine Kurve dreht, sehe ich ein orangefarbenes Lichtermeer, das die dunkle Stadt Accra erhellt. Vor Aufregung balle ich die Hände zu Fäusten. Meine Schwester blickt starr und aufgeregt ins Leere, Davids Augen sind geschlossen. Ob er schläft?

Wir landen sauber, Passagiere klatschen. Jemand ruft: »We made it!«

Dann verschmelzen wir im Sog der aussteigenden Passagiere und treiben aus dem Flugzeug. Die Luft draußen ist eine warme Wand.

»*Akwaaba, welcome to Ghana*«, begrüßt uns ein über unseren Köpfen hängendes Schild in der Flughafenhalle. Dann bleiben wir stehen inmitten einer großen Menschentraube. Stehen und warten und wissen nicht warum.

Ewig.

Irgendwann packt David die Ungeduld und wir drängeln uns durch die Menge, stellen uns ans Ende einer anderen Schlange und warten wieder.

»Das ist Ghana!«, sagt David genervt. »Und das ist nur ein Vorgeschmack!«

Nach einer weiteren Ewigkeit kommen wir an einen Schalter. Ich verstehe den Mann nicht, der hinter der Scheibe sitzt. Unser Vater spricht mit ihm. Auf Twi. Das verstehe ich ja auch nicht.

»Wir müssen die *Declaration* noch mal ausfüllen«, sagt er nach einer Weile und wedelt mit einer Handvoll weißer Karten. Die zu beantwortenden Fragen sind die gleichen wie die auf den blauen Karten im Flugzeug. Wir haben wieder nur einen Stift zum Ausfüllen. Es dauert wieder ewig. Wir müssen uns wieder ans Ende der Schlange stellen und warten, bis uns der Schalterbeamte erneut zu sich winkt.

»Ich könnte ihm Geld geben, damit es schneller geht«, sagt unser Vater.

»Aber das sehe ich nicht ein!«

Nach über einer Stunde dürfen wir endlich passieren, kommen in eine weitere, mit Gepäckbändern ausgestattete Flughafenhalle. Schon von weitem entdeckt mein Freund Alex seinen Koffer. Er steht mitten in der Halle und Alex hechtet darauf zu. Das Gepäckband dreht sich bereits. Nach und nach ziehen wir unsere Koffer herunter. Erst Davids Koffer, dann meinen ersten Koffer. Dann den zweiten Koffer von Alex, dann Davids zweiten Koffer.

Dann Dianas Koffer, der randvoll gefüllt ist mit Lebensmitteln und Geschenken. Dann meinen zweiten Koffer. Dann die Koffer meines Patenonkels James, der mit uns nach Ghana reist. Dianas zweiter Koffer taucht nicht mehr auf. Und nach weiteren zwanzig Minuten und vergeblichem Suchen in jeder Ecke der Halle steht fest: Das Gepäckstück meiner Schwester ist nicht da. Ihr Koffer ist weg.

Tränen schießen ihr in die Augen. »Scheiße! Scheiße! Scheiße! Da sind alle meine Sachen drin!«, schluchzt sie. Und mein Desinfektionsmittel, denke ich. Passiert das gerade wirklich?

»Jetzt hör auf zu *knatschen*!«, faucht unser Vater, der nicht wirklich gut damit umgehen kann, wenn jemand weint. Diana schluckt ihre Tränen herunter. Alex, David und Onkel James packen die Koffer auf zwei Gepäckwagen, mit Sack und Pack folgen wir ihnen durch den Flughafen bis zu einem Schalter, über dem an zwei Ketten ein graues Schild mit der Aufschrift »*Baggage Reclaim*« hängt.

David diskutiert mit einer Dame, die hinter dem Tresen sitzt. Irgendwann kommt sie zu uns nach vorne und begutachtet die Zettel, die an den Koffern der anderen hängen, macht sich Notizen in ein kleines Notizbuch und ich hoffe, dass sie die Daten später noch in ein Computersystem überträgt. Diese mit Bleistift handgeschriebenen Aufzeichnungen wird sie doch sonst niemals wieder zuordnen können, wenn sie sich überhaupt noch einmal mit unserem Fall befasst.

Nachdem die Frau fertig ist, verlassen wir den Flughafen. Ohne Dianas Koffer. Ohne ihre Unterwäsche, ihre Klamotten, mein Desinfektionsmittel.

»Ich leihe dir was von mir, bestimmt taucht der Koffer wieder auf«, flüstere ich und blicke in die glasigen Augen meiner Schwester.

»Den Koffer werde ich doch nie mehr wiedersehen«, flüstert sie zurück. Wir laufen wie auf Watte. Trance und Verzweiflung und Freude und Nichtglaubenwollen. Sind wir wirklich jetzt in Ghana?

Vorm Flughafen empfängt man uns wie Superstars. Da ist eine große Menge Menschen, alle wollen sie uns die Taschen abnehmen und sich ein Paar *Cedis* dazuverdienen, indem sie uns zu unserem nächsten Ziel chauffieren.

Ein Mann in weißem Gewandt ruft meinen Namen. Mehrmals. Das muss ein Zufall sein, denke ich und laufe ignorant an ihm vorbei, folge meinem Vater, dränge mich durch die Menge, überquere eine dicht befahrene Straße, betrete einen großen, schwach beleuchteten Parkplatz, spüre die Schritte des fremden Mannes hinter mir. Er folgt uns, bleibt mit uns vor einem weißen Sportwagen und einem beigefarbenen Transporter stehen. Mein Vater begrüßt ihn. Händeschütteln.

»Das ist euer Onkel, mein Bruder Nana Yaw«, stellt David uns den Mann vor. Er hat Tränen in den Augen, als er mich umarmt.

Zwei Männer steigen aus und laden unsere Koffer in die beiden Autos. Dann sollen Diana, Alex und ich in den Sportwagen steigen. David und James steigen in den Kleinbus, Nana Yaw setzt sich hinters Steuer.

»Wir sehen uns gleich wieder!«

In unserem Wagen gibt es keine Anschnallgurte. Ich sitze in der Mitte. Wir fahren los. Der Fahrer heißt Gabriel und macht das Radio an. Hip Hop. Laute Bässe. Klimaanlage. Hupen. Immer wieder Hupen.

Am Straßenrand tragen Frauen Körbe und Obstschalen auf dem Kopf. Mit dem Auto fahren wir durch die dunklen, belebten Straßen. Palmen. Gerüche. Würze und Smog. Schotterpisten. Der Wagen fährt langsam und ruckelt.

Alles verschwimmt.

Sind wir wirklich in Ghana?

»Zwickt mich mal!«, flüstere ich, aber Diana und Alex hören es nicht, sehen gebannt aus den Seitenfenstern.

Grillen zirpen laut, als wir wieder aussteigen. Wir stehen in einem Hof, vor uns ein großes Haus. Es schimmert hell im Licht der eigenen Veranda.

22

Zwei Frauen begrüßen uns. Händeschütteln. Lachen. »Welcome to Accra! Welcome to Taifa!«

Sie tragen unsere Koffer ins Haus, führen uns in ein Zimmer mit riesigem Doppelbett. Außerdem steht da ein Kühlschrank in einer Ecke und ein großes Bild mit dem Antlitz Jesu Christi lehnt an der Wand direkt neben dem Fenster.

»Hier könnt ihr schlafen«, sagt Vater zu Alex und mir.

»Und es gibt noch ein anderes Zimmer für dich«, sagt er zu Diana. Aber Diana und ich wollen zusammen bleiben. Wie besprochen, weil das unsere Reise ist. Unsere Identitätssuche.

»Kein Problem, ich nehme gerne das Einzelzimmer«, sagt Alex. Ich bin zu starr, um irgendetwas zu entscheiden, bekomme gerade noch mit, dass David uns warnt. Wir sollen keine Wertsachen auf die Fensterbänke legen. Am besten auch nicht auf den Nachttisch. Die Diebe in Accra seien erfinderisch.

»Wenn ihr aufs Klo müsst oder duschen, dann hier«

David öffnet eine dunkelbraune Holztür direkt neben dem Doppelbett. Ich erkenne ein Waschbecken und helle Fliesen. Das Wasser aus dem Hahn sollen wir nicht herunterschlucken, warnt er weiter.

»Zum Glück habe ich meine Zahnbürste im Handgepäck«, sagt Diana. Ich leihe ihr ein T-Shirt zum Schlafen. David, James und der neugewonnene Onkel verabschieden sich.

»Hier ist nicht genug Platz für uns alle, ich schlafe in einem anderen Haus bei einem Freund«, erklärt unser Vater.

»Ich hole euch morgen früh ab«

Dann liege ich plötzlich im Bett. Über meinem Kopf wirbelt ein Deckenventilator die schwülwarme Luft auf.

Sind wir in Ghana?

Sind wir wirklich endlich da?

Wirklich, wirklich?

Der erste Morgen. Ist das ein Traum? Ein Hahn kräht, Frauenstim-
men singen und irgendwo läuft laute Musik. Afrobeats, vielleicht
sogar direkt im Nachbarhaus. Außerdem ist da ein Scharren. Sssst,
sssst, sssst. Immer und immer wieder. Ich liege auf dem Rücken mit
Blick auf die Decke. Holzvertäfelt, mahagonifarben. Der Ventilator
dreht sich nicht mehr. Ich setze mich im Bett auf, reibe mir die Au-
gen, setze meine Brille auf und sehe mich um. Tageslicht scheint blass
durch die grauen Gardinen und fällt auf die glänzenden Terrakotta-
fliesen, die den Boden des Zimmers bedecken. Die Fenster sind von
außen vergittert und ich muss an Davids Worte denken: Die Diebe
in Accra sind erfinderisch...
Da meine Schwester noch döst, stehe ich auf und gehe ans Fenster.
Der Himmel ist hellgrau bedeckt. Ich blicke auf eine Veranda und
einen Hof, entdecke ein Mädchen in blauem Kleid und mit kurzge-
schorenen Haaren. Sie hält einen kleinen Besen, fegt in gebückter
Haltung über den geteerten Hof. Sssst, sssst, sssst. Ich sehe sie an, bis
sie ihren Kopf hebt, mich entdeckt. Ich winke. Zaghaft. Sie winkt
zurück, lächelt mich an. Das ist kein Traum.

DEUTSCHE KOKOSNÜSSE

Ich bin Kölnerin und genauso wie wahrscheinlich jeder andere
Kölner auch, hege ich ein recht zwiegespaltenes Verhältnis zu den
Kölner Verkehrsbetrieben. Es ist eine Hassliebe. Ohne Fahrrad
oder Auto kannst du nicht ohne, willst aber oft nicht mit der
KVB. Die ständigen Verspätungen nerven, genauso wie die Fahr-
kartenpreiserhöhungen, Kontrolleure und das regelmäßige Bedanken fürs Verständnis (obwohl man überhaupt kein Verständnis für den Zugausfall hat).

In Ghana muss ich allerdings nochmal nachdenken, denn
hier gibt es überhaupt keine Bahn. Es gibt einen Zug, dessen

Gleise quer durch den Stadtteil Taifa führen, in dem wir uns befinden. Weil mein deutscher Opa früher Lockführer war, hätte er sich bestimmt sehr gefreut beim Anblick der alten Dampflock, die den Zug zweimal am Tag durch den Ort zieht. Ansonsten gibt es hier allerdings keine öffentlichen Verkehrsmittel im herkömmlichen Sinn, dafür aber Busse und Mitfahrgelegenheiten an jeder Ecke. Das sogenannte *Tro-Tro* gehört hier zu den meistgenutzten Verkehrsmitteln. Ein Tro-Tro ist ein Sammeltaxi, das meist aus einem ausrangierten und aus Europa oder China importierten Kleintransporter besteht. Die Wagen sind mit Sitzplätzen ausgestattet - Hauptsache, es passen genug Menschen in das Gefährt.

Mein Onkel Nana Yaw ist Fahrer eines solchen Tro-Tros. Sein weißer, zerbeulter *Hyundai*-Kleinbus ist sein ganzer Stolz, denn er hat ihn sich von seinem eigens ersparten Geld gekauft und liebevoll hergerichtet. Auf der seitlichen Schiebetür klebt ein silberglitzerndes *Tribal*-Muster, an der Heckscheibe haften *Rastafari*-Aufkleber und am Rückspiegel baumeln Würfel und Fußballanhänger.

Am Tag verdient mein Onkel rund vierzig Euro für seine Fahrdienste. Das ist in Ghana ein kleines Vermögen, sagt mein Vater, der jedoch gerne dazu bereit ist, meinem Onkel dieses Vermögen zu zahlen, wenn er uns für die kommenden zwei Wochen als persönlicher Fahrer zur Verfügung steht. Gesagt, getan.

An unserem ersten Morgen in Accra holen David, sein bester Freund James und Nana Yaw uns schon früh ab. Mein Vater will uns endlich das Haus zeigen, das er schon seit Jahren baut. Außerdem wollen wir zum Flughafen fahren, um nachzusehen, ob der Koffer meiner Schwester wieder aufgetaucht ist.

Hupend und lachend fährt unser Onkel mit seinem Tro-Tro auf den Hof und ruft unsere Namen: »Esther! Diana! *Allesss*!« Das »X« im Namen meines Freundes kann er nicht aussprechen und wie wir später feststellen sollen, können das die wenigsten der Ghanaer.

Wir klettern nach hinten auf die Rückbank. Graues Kunstleder. Keine Anschnallgurte. Neugierig strecken ein paar Kinder ihre Köpfe in den Hof hinein.

»Obroni! Obroni!«, rufen sie, als sich das Tro-Tro in Bewegung setzt. *Obroni. White person.* Meinen sie Alex oder meinen sie auch Diana und mich?

Wir fahren los. Ich schaue aus dem Fenster. Ockerfarbener Sand bedeckt den Boden, Steine und Hubbel und Krater und Rinnen. Schier unmöglich für ein Auto, sich hier fortzubewegen, denke ich. Und trotzdem schiebt sich unser Bus im Schritttempo über die Buckelpiste hinweg. Wir werden durchgeschüttelt. Bei jeder Unebenheit im Boden ruckelt der Wagen wie auf der Kirmes.

Wir tuckern vorbei an großen, prächtigen, bunt bemalten Häusern. Pinkfarbene und blaue und grüne oder gelb angestrichene Villen, die neben unfertigen grauen Ruinen thronen. Hohe Wassertanks vor vielen Häusern und Frauen mit Eimern auf den Köpfen, Kinder die sich neugierig zu uns umdrehen, magere Hühner und schmale Katzen hier und da im Schatten einer Häuserwand. Handgemalte Reklametafeln für Autowerkstätten, eine *Jesus Bakery*, einen *Holy Shop*, an Bretterbuden genagelt oder an Bäume.

An einer Kreuzung hält der Bus, biegt ab auf eine geteerte Straße. Das Ruckeln und Poltern hört auf, das Tempo nimmt zu. An den Straßenrändern entdecke ich tiefe Abwassergräben, an denen die Reifen unseres Wagens gefährlich dicht entlangfahren. Aber nichts passiert.

Autos hupen. Laut. Unaufhörlich. Hier und da ertönt Musik, Motorräder knattern, bunte Sonnenschirme und Warenauslagen vor offenen Geschäften und Buden. Farbenfroh und schick gekleidete Menschen, Kirchengesänge, schon wieder Frauen, die Schalen auf den Köpfen tragen, gefüllt mit Obst, Erdnüssen oder Gebäck. Der Geruch von gebratenem Fett steigt mir in die Nase, mein Magen knurrt. Irgendwann paart sich der appetitliche Geruch jedoch mit dem Gestank von Smog, der in den Atemwegen beißt. Alex hält sich ein Taschentuch vor die Nase.

»Stinkt, ne?«

David lacht und fährt fort: »Ja, so ist Ghana. Dreckig und viel Smog. Da muss man die Nase zu machen!«

»Nein, es ist schön hier«, sagt mein Freund und nimmt verschämt das Taschentuch aus dem Gesicht.

»Ich kann mich nicht satt sehen, das ist alles so schön bunt und vielfältig!«, ruft Diana, als wir an einem großen Maisfeld und ein paar rot, gelb und grün gestreiften Verkaufsständen vorbeifahren.

»Nein, es ist dreckig!«, entgegnet unser Vater harsch.

»Aber heute ist Sonntag und nicht so viel Verkehr. Das ist schön, um die Stadt ein bisschen kennenzulernen«

»Normalerweise ist es hier voller?«, fragt Alex, und David lacht wieder laut auf.

»Ja, normalerweise ist es voller!«

In diesem Moment macht sich hupend ein großer, schwarz glänzender Mercedes neben unserem Wagen bemerkbar. Dicht gefolgt von einem weiteren, dunkelroten Mercedes.

»Wow, die haben aber schon gute Autos hier«, bemerkt Alex.

»Ja, gute Autos haben die, aber gute Straßen nicht!«, beschwert sich mein Vater.

An einer Kreuzung kommen wir zum Stehen und es klopft an meinem Seitenfenster. Eine Frau mit einer großen Schüssel auf dem Kopf steht direkt davor. Die Schüssel ist gefüllt mit runden, duftenden Gebäckbällchen. *Bofrots*. In Deutschland habe ich sie schon oft bei Bekannten meines Vaters gegessen. Das Wasser läuft mir im Munde zusammen und ich spüre, wie sich mein Magen zusammenzieht, kurz darauf ertönt ein lautes Knurren. Ich habe Hunger. Richtig großen Hunger.

»Können wir was essen?«, rufe ich meinem Vater zu.

»Nein!«, ruft er energisch zurück.

»Ihr sollt das nicht essen! Guck, die haben keine Handschuhe an und fassen die Sachen an und das ist gefährlich! Es gibt viele

Krankheiten hier in Westafrika. Cholera und dies und das! Und darum kaufen wir nur im Supermarkt!«

Der Sprinter fährt weiter. Die Frau mit dem verführerischen Gebäck bleibt zurück, mein Magen leer. Ich hatte vergessen, wie typisch deutsch mein Vater manchmal sein kein. So übervorsichtig und genau.

»Was für Krankheiten?«, fragt Diana. »Etwa auch Ebola?«

»Nein, das ist noch nicht nach Ghana gekommen, Gott sei Dank. Aber ihr braucht keine Angst zu haben«, beruhigt David uns mit einer etwas sanfteren Stimmlage. »Ich zeige euch, was ihr essen könnt«

Er spricht auf Twi mit Nana Yaw, der nickt und biegt an einer der nächsten Kreuzungen rechts ab, dann wieder links auf eine noch viel größere geteerte Straße. Ich verliere die Orientierung, aber das ist mir egal. Die Menschen und Eindrücke lassen mich den Hunger schnell vergessen. Erneut kann ich es nicht fassen. Wir sind in Ghana. Auch hier liegen meine Wurzeln begraben.

Unter einer großen Brücke hält der Bus an.

»Aussteigen!«, dirigiert unser Vater, und wir klettern aus dem Wagen, stehen vor ein paar Jungs. Auf dem Boden vor ihnen liegt ein großer Haufen dunkelgrüner, runder Früchte.

»Das sind Kokosnüsse«, erklärt David und spricht mit den Jungs auf Twi. Mit einer Machete schneiden sie erst die grüne Schale ab, sodass die Kokosnuss oben spitz zuläuft. Dann hacken sie eine Öffnung in die Spitze. Einer der Jungs reicht mir das so entstandene Trinkgefäß.

»Trink mal!«, sagt David, aber ich bin skeptisch. Mir schmeckt Kokoswasser nicht besonders. Da ich neben großem Hunger aber auch einen Megadurst habe, setze ich die Öffnung der Kokosnuss an den Mund, nehme einen vorsichtigen Schluck – und erlebe eine Geschmacksexplosion. Das Kokoswasser schmeckt fantastisch. Süß und mild und erfrischend. Gierig trinke ich mehr, kann gar nicht genug bekommen.

»Das ist verdammt lecker!«, rufe ich, und David verteilt Kokosnüsse an die anderen.

»Wow!«, sagt Alex schlürfend und hält den Daumen hoch.

»Ich dachte immer, dass ich das nicht mag, ich kenne ja nur deutsche Kokosnüsse!«, rufe ich.

»In Deutschland wachsen doch gar keine Kokosnüsse!«, sagt Alex und wir müssen lachen.

Nach dem Austrinken hacken die Jungs unsere Kokosnüsse in jeweils zwei Hälften und schneiden ein plattes, keilförmiges Stück aus der Schale.

»Guckt, so macht man das«, erklärt unser Vater, nimmt eins der keilförmigen Stücke und schabt das Fruchtfleisch aus einer Schalenhälfte. Wir anderen tun es ihm nach und auch das Fleisch der Kokosnuss schmeckt anders, als ich es bisher kannte. Nicht hart, trocken und geschmacklos, sondern süßlich und frisch. Ich spüre, wie die Energie der Frucht meinen Körper durchströmt, fühle mich auf einmal so geerdet und glücklich. Um uns herum der Verkehr und das Hupen und die Menschen Accras. Und wir stehen mittendrin und frühstücken grüne Kokosnüsse.

»Ich kann`s nicht fassen, Leute!«, sage ich zum gefühlt tausendsten Mal, als wir wieder im Tro-Tro sitzen und unsere Fahrt fortsetzen.

»Wir sind in Ghana!«

»Reg dich ab, *Seissa*!«, sagt Diana lachend. An ihren strahlenden Augen kann ich erkennen, dass auch sie zufrieden ist.

Etliche Häuser, Autos, Menschen, bunte und knallige Eindrücke später erreichen wir den Flughafen, laufen durch den überdachten Vorplatz, auf dem uns gestern Nacht noch ein Haufen übermütiger Taxifahrer begrüßt hatte. Heute Morgen ist der Flughafen fast menschenleer. Ich entdecke einen asiatischen Schnellimbiss und sogar einen Kiosk und staune und ärgere mich darüber, dass ich staune.

In Afrika hätte ich vieles erwartet, aber nicht, dass es mich so an Europa erinnert. Chinamann und *Büdchen*, genauso wie in Köln, denke ich, als wir durch die Eingangstüren des Flughafengebäudes laufen. Unser Vater steuert direkt auf den Schalter zu, an dem die Frau vom Bodenpersonal gestern Abend ihre zweifelhaften Notizen gemacht hatte. Die Frau selbst ist weit und breit nicht zu sehen.

David spricht mit einem anderen Schalterbeamten. Der verschwindet im Büro hinter der Theke, bleibt eine Weile fort. Als er wieder zurückkommt, zieht er etwas hinter sich her.

Es ist Dianas Koffer.

–

Ach, meine kleine Schwester. Ich habe sie so lieb. Da stimmt was nicht mit den Männern meiner Generation, mit den Männern in Deutschland. Da läuft etwas gewaltig schief. Alle scheinen sie Angst zu haben. Angst vor der Liebe. Angst vor sich selbst. Warum sonst ist meine Seissa solo? Sie ist der beste Mensch der Welt. Schön, von innen und von außen. Meine Schwester wurde geboren, als ich zweieinhalb Jahre alt war. Ich soll sie mir gewünscht haben, erzählen meine Eltern immer wieder, und tatsächlich habe ich sie vom ersten Tag an geliebt. Gemeinsam gingen wir durch dick und dünn, teilten uns ein Kinderzimmer, spielten gemeinsam mit Puppen oder kämpften gegeneinander wie die Ninja Turtles. Noch heute ist da diese tiefe Verbundenheit zwischen uns. Als sie noch nicht richtig sprechen konnte, nannte sie mich Seissa. Sie meinte: Schwester. Mein Vater verstand »Scheißer« und lachte sich kaputt. Ohne Seissa hätte es nur mich gegeben. Wie traurig.

SIEBEN FRAUEN

Seit ich denken kann, baut unser Vater ein Haus in Accra. Da ich seit über zwanzig Jahren bewusst denke, ist das schon eine ganze Menge Zeit. Weil zwischen Deutschland und Ghana einige Kilometer Luftlinie liegen, stoppte der Hausbau immer dann, wenn David zurück nach Köln flog. Er beauftragte zwar immer wieder Leute in Accra, um den Hausbau zu überwachen, aber den *Schmarotzern* könne man ja nicht vertrauen. So schimpft er zumindest immer wieder. Die meisten verprassten sein Geld für neue, alte Autos oder das Abbezahlen von Schulden und Rechnungen. So zog sich der Hausbau über Jahre hin.

»Aber jetzt baue ich das Haus fertig, ich muss in den nächsten Wochen nur alles arrangieren«, verkündet David, als wir in den Sprinter steigen.

»Und jetzt fahren wir zu unserem Haus!«

Nana Yaw lässt den Motor rasselnd anspringen und wir holpern los. Die Männer unterhalten sich auf Twi. Wir sitzen auf der Rückbank und lassen uns erneut von der Aussicht fesseln.

Menschen. So viele Menschen auf den Straßen zwischen den Autos, überall. Nicht grau in grau symmetrisch in Reih und Glied auf glatten Wegen. Nicht schnell, niemandem steht Hast ins Gesicht geschrieben. Stattdessen entspannte Mienen, wellige, rote Erde. Babys in bunte Tücher gehüllt auf den Rücken ihrer Mütter. Männer waschen ihre Autos, Frauen mit prächtigen Frisuren oder Lockenwicklern im Haar oder große, mit Erdnüssen oder Wassertütchen oder Gebäck gefüllte Bottiche auf den Köpfen. Einige flechten sich gegenseitig die Haare, Kinder baden draußen in Wannen und Eimern. Und überall Mauern. Rosafarbene und blaue und hellgrüne oder graue Mauern vor jedem Gebäude. Und vor den Mauern hocken, sitzen, gehen, stehen, lehnen Menschen und leuchten Farben.

Ich kann mich nicht satt sehen. Ich starre. Die Menschen, die unseren Sprinter sehen, starren zurück.

Wir fahren an einem prunkvollen Haus vorbei, mit blauen und weißen Fließen gekachelt. Zwischen all den Baracken und Hütten und Ruinen und in dem Trubel des Lebens thront es ruhig und majestätisch an einer Querstraße wie ein Palast.

»Was ist das denn für ein Haus?«, rufe ich zu David nach vorne.

»Kristo Asafo Building«, antwortet er.

»Und wer ist das?«

»Reicher Mann. Pastor«

»Wow! Das sieht imposant aus«, bemerkt Alex und blickt ehrfürchtig aus dem Fenster. David lacht.

»Na klar! Du kriegst hier Geld, wenn du Pastor bist«, sagt er.

»Okay?«

»Aber er ist eine sehr intelligente Person, der Kristo Asafo«, erklärt David weiter.

»Er hat eine Farm aufgebaut, aber eine große Farm und er hat das Geld immer gespendet an arme Leute. Und auch in dem Haus hier wohnen viele Leute. Er hat mit dem Geld wenigstens etwas gemacht und nicht allein in seine Tasche gesteckt«

»Kommt das hier oft vor? Korruption und sowas?«, fragt Alex.

»Und wie!«, ruft David und ich befürchte, dass jetzt eine seiner vielen Schimpftiraden auf die raffgierigen Afrikaner folgt, ein langer Monolog darüber, dass man niemandem trauen dürfe und jeder nur auf seinen eigenen Vorteil aus sei. Aber mein Vater spricht weiter über den Pastor mit dem pompösen Haus.

»Der hat auch ein Auto entworfen, *made in Ghana*. Und ein Flugzeug auch«

»Na klar, sicher!«, brumme ich ungläubig.

»Das ist kein Märchen, das ist die Wahrheit! Du kannst im Internet gucken, was er gemacht hat!«, ruft mein Vater verteidigend.

»Nur leider kann das Flugzeug nicht fliegen«, fügt er dann lachend hinzu.

»Aber das Auto kann fahren. Er hat einen Generator gebaut und alles. Ich glaube das! Er ist sehr begabt und man spricht gut über ihn«

»Lebt der noch da?«, fragt Diana.

»Ja. Ein paar Leute sagen, er hat sieben Frauen. Am liebsten nur *Mischlinge*. Ob das stimmt, weiß ich nicht, ich habe es nur gehört. In Afrika ist das nicht verboten. Viele Frauen, viel Abwechslung«

Mein Vater lacht. Dann übersetzt er unserem Onkel und ich fühle mich irgendwie unwohl. Sachen, die mit Sex zu tun haben, galten zwischen mir und meinem Vater immer als unausgesprochene Tabuthemen. Komisch, jetzt mit David über einen Mann zu sprechen, der es sogar mit sieben Frauen gleichzeitig treiben soll.

»Ist aber eine interessante Geschichte«, sagt Alex und grinst.

»Sieben Frauen klingt doch nicht schlecht«

»Ja, aber auch anstrengend«, sagt mein Vater, und die Männer lachen laut. Ich könnte auf der Stelle im Erdboden versinken.

–

Mit Jungs hatte ich meistens Pech. Unerwiderte Teenagerlieben. Großer Liebeskummer. Heiße Luft. Und dann noch meine Unsicherheiten. Ich bin so hässlich. Ich werde nie einen finden, der mich so liebt, wie ich bin. Erst als ich damit aufhörte, machte es Peng! Dann lernte ich Alex kennen. Ich habe ihn meinem Vater erst spät vorgestellt. David wollte nie, dass wir uns mit Jungs einlassen. Ihm war es wichtiger, dass seine Töchter etwas Gescheites lernen, fleißig sind und an ihre Zukunft denken. Und obwohl ich schon längst volljährig war, als ich Alex kennenlernte, wollte ich mir sicher sein, bevor ich ihn meinem alten Herrn präsentiere. Und ich kann mir sicher sein. Alex und ich befinden uns im verflixten siebten Jahr. Aber so verflixt ist das gar nicht. Eher schön, vertraut und verliebt. Ja, noch immer. »Alex ist ein guter Junge. Ich hätte ihn gerne zum Schwiegersohn«, sagt David. Heiraten, ja. Das ist genauso eine Sache wie das Kinder-kriegen.

DER LEHRER

Das Haus, das unser Vater baut, steht in Taifa, einem Stadtteil von Accra. Bevor wir es endlich sehen dürfen, wollen David und James allerdings noch einen alten Bekannten besuchen, der direkt nebenan wohnt und einer der wenigen Menschen hier sei, dem wir ohne Bedenken vertrauen dürften.

In Sachen Vertrauen ist unser Vater generell sehr skeptisch. Man darf nicht allen Leuten trauen, pflegt er zu sagen, seit ich denken kann. Er hat sogar mal einen Song darüber geschrieben, bei dem meine Schwester und ich widerwillig den Refrain einsangen: *Don't let them fool you. They are false prophets. They wash, wash, wash, wash your brains. They are false prophets.*

Davids Skepsis gegenüber der Menschheit war in meiner Jugend auch dafür verantwortlich, dass Diana und ich immer schon zu Hause sein mussten, wenn es draußen dunkel wurde. Im Sommer ging das. Aber im Winter mit fünfzehn schon um fünf Uhr zuhause sein zu müssen, war oft megapeinlich vor meinen Freunden und ziemlich unvorteilhaft, zumal meine Schwester und ich eine Ganztagsschule besuchten und oft erst um sechzehn Uhr frei hatten. Zum Glück hatte ich meine beste Freundin, bei der ich zufällig immer dann übernachtete, wenn die neuste Party angesagt war.

Aber das war damals. Und das war in Deutschland. Hier in Ghana sei das mit den falschen Menschen noch viel schlimmer, sagt David, als wir vor einem Haus am Ende einer buckeligen, kaum belebten Straße anhalten. Anders als bei all den anderen Häusern, die ich bereits gesehen habe, ist das, vor dem wir hier Halt machen, nicht von einer Mauer umgeben. Folglich gibt es

34

auch kein Tor, das erstmal aufgesperrt werden muss, um Hof und Haus zu erreichen. Bäume und Büsche säumen den Weg in den Hof, dessen Grund mit rotem Sand und nicht mit Teer bedeckt ist. Die Menschen, die hier leben, müssen über ein gesundes Urvertrauen verfügen. Vielleicht besitzen sie aber auch einfach keine Wertsachen oder genießen großen Respekt in der Gegend. Anders kann ich mir das Fehlen der hier sonst so üblichen Schutzwälle nicht erklären.

Ein Mann sitzt auf der Veranda und lächelt. Er trägt eine Brille mit Silberrand und eine blaue Kappe auf dem Kopf, graue Haare schauen zu den Seiten hervor. Obwohl er schon älter ist, wirken seine Gesichtszüge jünger als die meines Vaters, dessen Augen seit Tagen schon sehr müde aussehen. Leider verstehe ich den Namen des Mannes nicht, als er sich uns vorstellt und wage es auch nicht, ihn ein zweites Mal danach zu fragen.

»Come, have a seat«, sagt er nach einer Weile, noch immer lächelnd. Der wolkenverhangene Himmel klart auf und wir stehen in der prallen Sonne, schnell wird es unerträglich heiß. Im Schatten eines Baumes stehen eine Holzbank und ein paar pinkfarbene Plastikstühle, auf die wir uns setzen und uns mit dem Mann unterhalten.

Er erzählt, dass er früher Lehrer an einer Schule in Accra war. Aber jetzt ist er *retired*, in Rente, lebt hier zusammen mit seiner Frau und geht jeden Tag mindestens zwei Stunden spazieren.

Dann beginnen die Männer sich auf Twi zu unterhalten. Wir sprachlosen Deutschen sitzen daneben und lassen unsere Augen über den Hof wandern, der mit seinen vielen Bäumen und Büschen eher einem kleinen Waldstück ähnelt. Auf der Brüstung der Veranda liegen zwei ausgemergelte, bunt gefleckte Katzen und räkeln sich in der Sonne. Auch Hühner laufen herum, dünn und drahtig. Eine grauweiße Henne huscht mit einer Schar zwitschernder, flauschiger, schwarzer Küken aus einem Gebüsch hervor und ich muss beim Anblick der niedlichen Tiere mit Schrecken an die frittierten Hühnerflügel denken, die es beim *Aldi* in der Tiefkühltruhe gibt und deren knusprige Haut noch viel besser schmeckt, wenn man sie ein bisschen zu lange im Ofen lässt. Ich esse viel zu viel Fleisch, denke ich. Unschuldige, süße Lebewesen, die auch einfach nur ihr Leben leben wollen. Wie kann man die denn essen? Pfui, Teufel!

Mein Vater zündet sich eine Zigarette an und unser Gastgeber rümpft die Nase, sagt etwas auf Twi. James lacht.

»Er mag nicht, dass David raucht«, übersetzt er. Wir schauen zu unserem Vater rüber, der auf seinem Stuhl herumdruckst wie ein Schuljunge, der eine Standpauke seines Lehrers über sich ergehen lässt.

»People can get ninety years or older. But if you are a smoker you can come down to sixty or seventy«, mahnt der Mann.

»The smoke is not good for the smokers. In Ghana we don't smoke!«

»Why is that nobody smokes in Ghana?«, fragt Alex in die Runde.

»When you are in pubic you don't smoke. It is not popular, and not healthy«, antwortet der weise Mann. Dann erzählt er, dass er selbst sechzehn Jahre lang Raucher war, aber das Rauchen aufgab.

»I was a smoker. I worked for an American company before I became a teacher and I was smoking for sixteen good years. It was stressful. But just one day I said no! I quit!«

»Aber es ist schwierig, damit aufzuhören«, sagt David jetzt zu seiner Verteidigung.

»In Germany everybody smokes. You can buy cigarettes everywhere. In U-Bahn stations und an jeder Ecke! I just started to smoke, when I came to Germany«

Unser Gastgeber schüttelt nur den Kopf.

»Nothing should dominate us!«, ruft er. »We people have the willpower to say no!«

Der Mann hat Recht, denke ich. Wie oft sage ich »*ja* okay«, wenn ich eigentlich »*nein, ganz und gar nicht*« meine? Aus Angst, andere zu enttäuschen, sie vor den Kopf zu stoßen. Aus Angst davor, etwas zu verpassen.

Mein Handy ist immer angeschaltet, vibriert oft im Minuten-takt. Immer wieder neue Einladungen und Anfragen erinnern mich an die Zeit der unbegrenzten Möglichkeiten und die ver-passten Chancen. *Bleib erreichbar, sonst verlierst du den Anschluss!* Schuldgefühle. Druck. Stress.

Ich sollte öfter »nein« sagen, ohne ein schlechtes Gewissen. Ich sollte öfter »ja« sagen – zu mir selbst, zu meinen Ideen, Träumen, Zielen.

»Ja, smoke is no good«, sagt David und reißt mich aus mei-nen Gedanken.

»Aber wenn hier in Accra ein LKW vorbeifährt, mit dem Qualm hinten raus, das riecht nicht besser als Zigaretten!«

Wir brechen in schallendes Gelächter aus.

»I can show you something better than smoking!«, sagt unser Gastgeber, als wir uns wieder beruhigt haben.

»Come, come I show you!«

Er erhebt sich, winkt uns mit der Hand zu und wir folgen ihm ins Dickicht seines Gartens. Vor einem hohen schmalen Busch blei-ben wir stehen. Die Pflanze trägt kleine, rote Früchte, die mich verdächtig an Vogelbeeren erinnern. Vogelbeeren sind giftig, das weiß in Deutschland doch jedes Kind. Zumindest haben meine Großeltern mir das bei unseren zahlreichen Waldspaziergängen und Wandertouren stets eingebläut.

»This fruit, is sweet. You can eat them«, sagt der Mann und zeigt auf eine der Beeren. James scheint meinen skeptischen Blick zu bemerken.

»Man kann diese Beeren essen. Die Pflanzen hier, ich glaube, die gibt es nur in Ghana. Wenn etwas sauer ist und du die in den Mund nimmst, dann schmeckt es wie Zucker«, erklärt er.

»Echt?«, frage ich.

»Ja! Selbst wenn du danach Wasser trinkst, bleibt dein Mund noch lange ganz süß«

Ich pflücke eine der kleinen Beeren und rolle sie vorsichtig zwischen Daumen und Zeigefinger.

»Früher, vor der Kolonialzeit, gab es hier in Ghana noch keinen Zucker. Und dann hat man diese Pflanze benutzt«, erklärt James und lächelt.

»Du meinst, die Blätter von der Pflanze?«, fragt Alex, genauso misstrauisch wie ich.

»Nein, die Kerne. Die musst du nur auf die Zunge legen und lutschen!«

»Lutschen? Wie ein Bonbon? Like candy?«

»Sweet berry!«, ruft unser Gastgeber und lacht.

»Like sugar! For fruits, bitter mangoes or oranges. Come!« Unser Gastgeber verschwindet im Hain. Wir folgen ihm bis zu einem Baum, der mit grünbraunen Früchten behangen ist.

»Oranges«, sagt der Mann und zeigt auf die Früchte in der Baumkrone.

»Das sollen Orangen sein?«, fragen Diana und ich wie aus einem Mund. Die braunen Bälle erinnern mich so gar nicht an die leuchtend orangefarbenen und oft sauren Früchte, die wir in Deutschland als Orangen verkauft bekommen.

»Die da oben sind ganz reif«, sagt unser Vater und macht Anstalten den Baum emporzuklettern.

»Als Kinder sind wir immer auf die Bäume geklettert«, ruft er übermütig und stützt einen Fuß an der Mauer ab, vor welcher der Baum wächst. Er versucht auf den ersten Ast zu klettern, aber es klappt nicht. Alex kommt hinzu.

»Warte, ich helfe dir!«

Er gibt meinem Vater die Räuberleiter. Etwas unbeholfen versuchen die beiden, auf den Baum zu klettern und ein paar Früchte zu pflücken. Ich muss schmunzeln. So aktiv habe ich meinen Vater selten gesehen. Die letzten Jahre kenne ich ihn fast nur auf dem Sofa liegend nach einem anstrengenden Arbeitstag.

Während die Männer sich abmühen, verschwindet unser Gastgeber und kommt mit einem langen Stock zurück, an dessen Ende ein Haken angebracht ist. Er reicht ihn mir und legt verschwörerisch den Zeigefinger auf die Lippen. Von David und

Alex unbemerkt, fische ich eine Orange von ganz oben und sie plumpst auf David Schulter. Alle lachen.

Die Orangen schmecken köstlich. Zuckersüß und mild rinnt der Orangensaft in meinen Mund. Süßer dürfte es gar nicht sein. Aber James besteht darauf, dass wir die süßen Früchte probieren, also tun wir dies mutig. Und tatsächlich, meine Mundhöhle schmeckt so süß, als hätte ich eine Handvoll Süßstofftabletten gelutscht.

–

James ist Davids bester Freund. Aber sie sind grundverschieden. Mein Vater ist sehr temperamentvoll und hat oft eine große Klappe. Mein Patenonkel James ist ein ruhiger Mann, lieb und fromm. So kommt es mir zumindest vor. Eine Gemeinsamkeit: Beide wuchsen sie in Kumasi auf und halten noch heute immer zusammen.

DAS HAUS

Auch wenn der nette Mann mit der Kappe direkt nebenan wohnt, fahren wir mit dem Auto rüber zum Haus meines Vaters, das von einer Mauer mit einem rostroten Eisentor umgeben ist.
»Wir sind da, hier ist unser Haus!«, sagt David. Seine Augen glänzen, seine Stimme klingt stolz. Mein Herz pocht bis zum Hals und ich greife vor lauter Aufregung nach der Hand meiner Schwester.

Als Kinder haben wir uns immer ausgemalt, wie das Haus in Ghana wohl aussieht. Wir stellten uns einen großen Garten und ein eigenes Zimmer für jede von uns vor, während wir in unserem Kinderzimmer im vierten Stock einer Kölner Innenstadtwohnung mit unseren Playmobilfiguren Bauernhof spielten.

»Wartet!«, sagt David und steigt aus dem Wagen. Er verschwindet durch eine kleine Tür, die direkt neben dem Eingangstor in der Mauer angebracht ist. Wenig später öffnet sich das Tor und Nana Yaw fährt langsam hinein.

Ich sehe einen Haufen Ziegelsteine, einen Baum ohne und einen mit Blättern und grünen, runden Früchten. Vielleicht Orangen. In einer Ecke daneben wächst hohes Gras. Oder ist das ein Maisfeld? Ich weiß es nicht. Meine Naturkundekenntnisse stoßen an ihre Grenzen. Auf jeden Fall schießt auch hier ein schwarzes Huhn gefolgt von einer Schar schneeweißer Küken aus dem Grün hervor und verschwindet in einem Busch auf der gegenüberliegenden Seite.

»So, das ist euer Haus!«, sagt unser Vater triumphierend und reißt die Tür zum Bus energisch auf. Wir klettern raus. Ich stehe auf der ockerfarbenen Erde vor unserem Haus.

Das Haus ist ein Rohbau in den letzten Zügen. Es ist nicht gestrichen, hat im Licht des bedeckten Himmels fast die gleiche Farbe wie der Boden. Eine breite, dreistufige Treppe führt rauf auf die Veranda, deren Vordach in der Mitte von zwei runden Säulen getragen wird. Außerdem hat das Haus vergitterte Fenster und ein Flachdach. Eine Palme wächst rechts direkt neben der Brüstung.

»Wow!«, sagt Alex und stemmt die Hände in die Hüften.

Drinnen wird noch gebaut. Es ist staubig, Kabel hängen hier und da aus den Wänden und von der Decke. Ich zähle fünf Zimmer, ein Bad ohne Armaturen, genauso wie in der Küche. Aber es soll hinten raus noch mehr Zimmer geben, erklärt David. Dort wohnt gerade einer seiner Halbbrüder mit seiner Familie.

»Hier muss noch was gemacht werden. Ich wollte es erledigen, bevor ihr kommt«, sagt mein Vater, aber ich bin einfach nur glücklich darüber, dass er nicht noch länger gewartet hat.

Als wir wieder nach draußen kommen, laufen uns ein paar Kinder entgegen. Kleine Jungs und ein größeres Mädchen. Sie hat kurzgeschorene Haare, ein graziles Gesicht und große, strahlende Augen. Außerdem trägt sie ein Baby auf dem Rücken. Keinesfalls ihr eigenes Kind, vermute ich. Sie sieht zu jung aus, dürfte nicht älter als zwölf Jahre alt sein.

»Das ist Ute!«, stellt unser Vater sie uns vor.

»Und der da heißt David!«, sagt er stolz und zeigt auf einen kleinen Jungen in rotem T-Shirt.

»Ute und David?«, fragen wir verblüfft. Wie kann es sein, dass die Kinder genauso heißen wie unsere Eltern?

»In diesem Haus wohnen zwei Halbbrüder von mir«, erklärt unser Vater. »Das sind die Kinder von einem dieser Halbbrüder namens Joe, der hinten im Haus wohnt mit seiner Familie. Er und seine Frau haben Ute geliebt, als sie damals in Ghana zu Besuch war. Und darum haben sie ihre Kinder nach uns benannt«

Das Tor zum Hof quietscht und unterbricht unseren Vater. Ein Mann in Shorts und FlipFlops tritt herein. Er ist klein und stämmig, sein Bauch wölbt sich nach vorne, er hat verquollene Augen, die er weit aufreißt, als er unseren Vater sieht. Die beiden unterhalten sich, diskutieren. Wir setzen uns auf ein paar Plastikstühle auf die Veranda und warten.

Nach einer Weile lässt David von ihm ab und kommt zu uns herüber. Er sieht müde aus, Aufregung steht ihm ins Gesicht geschrieben. Dann brechen wir auf.

Auf der Rückfahrt erklärt David uns, dass der Mann sein jüngerer Halbbruder Isaiah sei, über den unser Vater sich ärgere.

»Meine Oma hat einen Mann geheiratet, der hatte auch schon vier Kinder. Und dieser Mann hat meine Mutter und ihre Geschwister großgezogen«, erklärt David. »Und dann gibt es da ein Mädchen. Dieses Mädchen ist das Enkelkind von diesem Mann meiner Oma. Der ist längst gestorben in den Siebzigerjahren. Wir sind nicht nah verwandt, aber es ist trotzdem Familie. Und eines Tages ist seine Enkelin hierhergekommen zu meinem Haus, weil ihr Mann sie rausgeschmissen hat. Sie bat mich um Hilfe und ich sagte: Wir sind verwandt, du kannst erstmal in meinem Haus bleiben. Dann habe ich das arrangiert, alles war gut. Dann war ich wieder in Deutschland. Und innerhalb von zwei, drei Monaten hat mich die Frau weinend angerufen und gesagt, mein Bruder Isaiah habe sie rausgeschmissen«

Davids Stimme klingt aufgebracht. »Das geht doch nicht! Man muss auch Mitleid mit den Menschen haben, darum habe ich ihm meine Meinung gesagt«

»Aber das Haus ist schön«, sagt Alex. Dann sagen wir alle nichts mehr. Der Wagen wippt uns über die Krater der Straßen. Die Aussicht aus dem Fenster wird zur Reizüberflutung. Ich nehme meine Brille ab und alles verschwimmt. Die knusprigen und würzigen Gerüche vermischen sich mit dem Smog, der in der Luft liegt. Ich schiebe das Seitenfenster zu und schließe die Augen.

MEIN ONKEL

Ein paar Straßen weiter baut auch James ein Haus. Es ist noch nicht so weit wie das meines Vaters. Trotzdem lebt dort mein Onkel Nana Yaw gemeinsam mit seiner Frau. Ein Hund bellt laut, als wir den Hof betreten. Ein junges, sandfarbenes Tier. Ich bin froh, dass es mit einer Leine an einem Stuhl befestigt ist, weil ich ein bisschen Angst vor Hunden habe.

Meine Großeltern hatten mal eine schwarze Hündin namens Matti. Die war im Grunde ganz lieb, schlief die meiste Zeit auf der obersten Treppenstufe im Haus und ließ mich in Ruhe. Mein Vater erzählte allerdings, dass Matti einmal einfach losrannte, als ich sie als Kind an der Leine führte. Ich soll mich wahnsinnig erschrocken und die Leine nicht losgelassen haben, dann zog sie mich ein gutes Stück hinter sich her.

»Darum magst du keine Hunde«, sagte David. Auch wenn ich mich nicht mehr an den Vorfall erinnern kann, ist es doch schön, einen Grund für die Angst vorschieben zu können.

»Ruhig da!«, schnauzt unser Vater den Hund jetzt an, der sich zitternd und winselnd unter dem Stuhl verkriecht.

»This ist *Maküs*«, sagt mein Onkel (oder er sagt einen anderen Namen, so genau verstehe ich das nicht. Diana und Alex auch nicht. Der Name des Hundes hört sich an wie Markus. Darum nennen wir den Hund Markus, obwohl er ein Mädchen ist).

Nana Yaw erzählt, dass Markus gerade geimpft wurde und deswegen oft belle. Das hindert unseren Vater allerdings nicht daran, das Tier in seine Schranken zu weisen, immer dann, wenn Markus laut bellt und knurrt. »Der muss erzogen werden!«, sagt David. Und tatsächlich scheint seine Härte bei dem Tier Wirkung zu zeigen. Nach einer Weile bellt Markus nicht mehr. Dafür ruht ihre Schnauze winselnd auf dem Oberschenkel meines Vaters.

Wir setzen uns auf die Veranda. Nana Yaws Frau kommt aus dem Haus mit zwei dicken Büchern in den Händen. Hochzeitsalben, die wir jetzt durchblättern und unseren neugewonnenen Onkel und seine wunderhübsche Braut bestaunen.

Er ist kleiner als sie. Dafür ist sein Lächeln umso strahlender und glücklicher, als er ihr auf den Bildern das Ja-Wort gibt.

Ich muss an die Hochzeit meines deutschen Onkels denken, Onkel Guido. Da gab es Karaoke und eine dicke Hochzeitstorte. Generell verbinden mich viele Erinnerungen mit meinem Onkel aus Deutschland. Wenn unsere Eltern in Ghana Urlaub machten, verbrachten meine Schwester und ich die Sommerferien bei unseren Großeltern. Die gingen mit uns Wandern und ins Freilichttheater oder schwimmen im Liblarer See. Aber wie das bei Kindern oft üblich ist, wurde uns auch trotz der vielen Unternehmungen manchmal langweilig. »Ist das ödeee! Mir ist so langweilig, was soll ich unternehmen?«, jammerten meine Schwester und ich dann manchmal.

»Langeweile ist Luxus, Baby!«, sagte mein Onkel oft. Dann nahm er sich aber immer Zeit für uns. Gemeinsam hörten wir Schallplatten von den *Beatles* im Partykeller meiner Großeltern, spielten *Memory* oder *Activity* oder drehten mit der Kamera meines Vaters eigene Spielfilme, zu denen ich die Drehbücher schreiben durfte. Abends las er uns Geschichten vor, Märchen aus einem dicken roten Buch. Und wenn die Sehnsucht nach den Eltern doch zu groß wurde, ging er mit uns in den Schlosspark und erzählte uns Abenteuergeschichten.

Als ich im Hochzeitsalbum meines neuen Onkels Nana Yaw blättere, wird mir bewusst, dass ich solche Erinnerungen mit ihm gar nicht habe und wohl auch kaum entwickeln werde. Nana Yaw spricht nicht besonders gut Englisch, ich selber kein Twi.

Aber vielleicht ist das auch alles zu sehr dem deutschen Perfektionismus untergeordnet.

Auch mein Vater hatte mal einen Onkel. Als das Land einem Militärputsch unterlag, war dieser eines Tages verschwunden, mein Vater soll ihn nie wieder gesehen haben.

Ich sollte einfach verdammt froh sein, dass ich überhaupt so glückliche Familienerinnerungen habe und das Beste aus dem machen, was mir hier widerfährt.

-

Wir wohnen in Tinas Haus. Tina ist eine Bekannte von David und lebt in Köln. In ihrem Haus in Taifa wohnt ihre Schwester Akos zusammen mit ihren Kindern Joseph, Josephine und Angela. Außerdem wohnt da noch Feli, das ist die Cousine von Akos, und dann ist da noch das Mädchen, das ich am Morgen auf dem Hof sah. Ihr Name ist Georgina, aber ich weiß nicht, ob sie zur Familie gehört.

DON'T LET THE SKY RAIN

»Ich muss was erledigen. Material kaufen für das Haus«, sagt David, als er uns vormittags vor dem Haus absetzt, in dem wir die letzte Nacht verbrachten.

»Ich hole euch heute Nachmittag ab, dann fahren wir zum Strand!«

Im Hof des Hauses spielen ein paar Kinder. Sie haben alle kurz geschorene Haare, von weitem kann ich kaum unterscheiden, ob es Jungs sind oder Mädels. Als wir aus dem Bus steigen, laufen sie kreischend und lachend davon. Dafür sitzen ein paar Leute an einem Tisch auf der Veranda.

»Oh, welcome! Welcome!«, ruft eine große, stämmige Frau und springt auf, als sie uns sieht. Sie trägt ein orangefarbenes Kleid und eine prunkvoll verflochtene Rastafrisur, stürmt auf uns zu und drückt uns herzlich.

»How are you?«, ruft sie und stellt sich vor: »I am Akos!«
Ein bisschen überfordert von der unerwarteten und ungezügelten Freundlichkeit nennen auch wir ihr unsere Namen, die Akos jeweils mit einem lauten Ausruf der Freude aufnimmt. Dann führt sie uns zu dem Tisch auf der Veranda, an dem noch zwei weitere Personen sitzen. Ein Mädchen mit einem ebenmäßigen, langen Gesicht, mandelförmigen Augen und einem kurzen Afro und ein Junge, ich schätze ihn auf achtzehn, der ihr ziemlich ähnlich sieht.

»Hello, I am Josephine«, stellt sich das Mädchen vor und reicht uns zaghaft die Hand. Der Junge heißt Joseph und ist ihr Zwillingsbruder. Wir setzen uns zu ihnen an den Tisch, der mit einer weißen Tischdecke bedeckt ist. Beim näheren Hinsehen erkenne ich, dass es eine Weihnachtstischdecke ist, mit Mistelzweigen und roten Christbaumkugeln bestickt.

»Ɛ kom de wo anaa?«, fragt Akos und guckt uns erwartungsvoll an. Anhand der fragenden Blicke von Diana und Alex erkenne ich, dass auch sie nicht einmal erraten können, was Akos uns gefragt hat. Unsere Gesichtsausdrücke müssen sehr amüsant aussehen, denn schon wenige Sekunden später brechen die drei in schallendes Gelächter aus.

»Ɛ kom de wo anaa?«, fragt Akos nach dem Lachanfall nochmal, und ich zucke die Achseln.

»Sorry, we don't speak Twi«

Diana bricht das Verständigungsproblem und erklärt, dass unser Vater uns seine Muttersprache niemals beigebracht hat.

»Oh!«, ruft Akos mit deutlichem Entsetzen in der Stimme. Dann lacht sie allerdings wieder und sagt: »Okay, you will learn! We teach you«

»My mother asked you, if you are hungry«, erklärt Josephine und ich bin erleichtert. Hunger habe ich wirklich. Außer der göttlichen Kokosnuss, haben wir drei noch nichts im Magen.

»Oh yes, I am hungry like an elephant!«, ruft Alex, und es muss für die drei wieder so komisch klingen, dass sie erneut aus voller Kehle lachen. Von dem Gelächter angelockt, recken ein paar der Kinder, die zuvor noch schreiend davon gelaufen waren, jetzt neugierig ihre Köpfe über die Brüstung der Veranda.

»Okay«, sagt Akos. »I will cook for you!«

»Oh, what will you cook? Because I don't like fish…?«, fährt Alex ihr auch schon ins Wort, und ich könnte im Erdboden versinken. Wir sind noch keine vierundzwanzig Stunden in Ghana und er verlangt bereits die erste Extrawurst. Akos schaut ihn mit geschürzten Lippen an und ich schäme mich so für seine Frage, dass ich ihm unterm Tisch gegens Schienbein trete.

»Au!«, ruft er, und ich zische.

»Alex, stell dich nicht so an!«

Aber Akos lacht nur wieder laut und ruft: »No! No fish for you. You will like it! Chicken!«

»Siehste«, sagt mein Freund und wirft mir einen triumphierenden Blick zu.

»Man kann sich auch ruhig mal trauen, was zu sagen und einfach ehrlich sein«

Akos verschwindet im Haus und lässt uns bei den anderen am Weihnachtstisch sitzen. »Obroni!«, ruft eines der Kinder. Die anderen Kinder stimmen mit ein und laufen aufgeregt über den Hof. »Obroni, Obroni!«

Gerade will ich Josephine fragen, ob die Kinder wirklich uns meinen, da quietscht das schmiedeeiserne Tor, öffnet sich einen Spaltbreit und eine weitere Frau mit kräftigen Beinen und enganliegender Leopardenleggings betritt den Hof. Sie trägt einen türkisfarbenen Turban auf dem Kopf und kommt gemächlich auf uns zu.

»So, there you are our guests«, sagt sie und bleibt stolz und aufrecht neben uns am Tisch stehen. Ich bin mir nicht sicher, ob sie von unserer Anwesenheit begeistert ist oder nicht. Pokerface. Hochmütig und stolz schaut sie auf uns herab.

Als Diana und ich noch Kinder waren, mussten wir sonntags oft mit unserem Vater in die Kirche. Nicht in die deutsche Kirche zum stillen Gebet, sondern in eine ghanaische Kirchengemeinde. Während die Erwachsenen laut sangen und theatralisch beteten, standen die Kinder unter der Aufsicht von Aufpasserinnen, das sind erhabene Frauen, die ihre Gemeindemitglieder herzlich umarmten und sich im nächsten Moment umdrehten, um die Kids anzubrüllen, die hinter ihren Rücken zu laut spielten. Die waren mir immer unheimlich, ich konnte nie einschätzen, ob sie mich mochten oder nicht. Und irgendwie war es mir als Kind immer sehr wichtig, von anderen gemocht zu werden.

Die Frau, die gerade den Hof betreten hat, strahlt genau die Aura jener afrikanischen Frauen aus, die ich als Kind fürchtete. Nur ist diese Frau hier viel jünger, vielleicht sogar jünger als ich, mit der Ausstrahlung einer alten Seele.

»So, who are you?«, fragt sie, und wir stellen uns vor.

»My name is Feli. Welcome!«, ruft sie und lacht, genauso laut und kräftig wie Akos, nach der sie jetzt fragt. Die Zwillinge sprechen mit ihr auf Twi.

»So, you are hungry. Yes, yes, I will cook for you!«, sagt Feli.

»Please, let us help you«, sage ich und will Feli ins Haus folgen, aber sie weist mich ab.

»No! You are our guests. Wait here!«

Im Hof tummeln sich immer mehr Kinder. Sie laufen jetzt auch nicht mehr davon, sondern kommen neugierig zu uns heran. Ein kleiner Junge, vielleicht fünf Jahre alt in grünem T-Shirt und FlipFlops, steht dicht neben mir und schaut begierig auf die Sonnenbrille von Alex, die auf dem Tisch vor uns liegt. Darum nehme ich die Brille und reiche sie dem Kleinen. Für einen Augenblick bleibt er wie versteinert stehen und rührt sich nicht. Ich bemerke, wie die anderen Kinder um uns herum die Situation gebannt verfolgen. Dann fasst er sich ein Herz, greift nach der Brille und läuft damit davon.

»Heh! Meine Sonnenbrille!«, ruft Alex. Der Kleine bleibt mitten auf dem Hof stehen, zieht sich die Sonnenbrille an und ruft Alex etwas auf Twi zu.

»Obroni! Obroni!«, rufen die Kinder und lachen und springen um ihn herum. Alex steht auf und geht auf die Kinder zu. Ein anderes Kind tippt ihm von hinten auf den Rücken. Als Alex sich umdreht, läuft es davon.

»Obroniii!«, rufen die Kinder und tippen ihm wieder von hinten an. Da dreht Alex sich um und zieht eine Monstergrimasse. »Buuuuäääääh!«, ruft er, und die Kinder laufen kreischend in alle Richtungen davon. Das Alex-Monster ist ihnen dich auf den Fersen und ich gerate ins Schwärmen, weil ich es so süß finde, wie kinderlieb mein Freund sein kann.

Mir fällt ein, dass ich ja den Koffer voller Gastgeschenke dabei habe. Gummibärchen, Schokolade und Müsliriegel und eine Tüte voller Sonnenbrillen, irgendwelche Werbegeschenke, die Mama uns handvollweise mitgegeben hat. Darum gehe ich in unser Zimmer und suche eine gemischte Tüte Gummibärchen und ein paar der Brillen heraus.

»Toffee!«, rufen die Kinder, als ich zurück auf den Hof komme und sie die Tüte in meiner Hand entdecken. In Scharen springen sie auf mich zu.

»Au ja, gib mal. Ich bin völlig unterzuckert!«, schnaubt Alex, erschöpft vom Fangenspielen. Ich breite die kleinen Tütchen auf dem Tisch aus und die Kinder greifen beherzt zu.

Mit kritischem Blick betrachtet auch Joseph ein kleines Tütchen mit sauren Würmchen, reißt die Packung mit dem Mund auf und verzieht das Gesicht als, er eines der Bonbons in den Mund nimmt.

»Eh!«, ruft er, genauso wie unser Vater es oft tut, wenn ihm etwas missfällt.

»Don't you like it? We call it *Gummibärchen*«, erkläre ich ihm lachend. Aber Jospeh rümpft nur die Nase.

»No, I don't eat this! Before sugar came here, our food was our medicine«, sagt er, und ich fühle mich schlecht, angesichts unserer ungesunden Gastgeschenke, die ich an die Kinder verteile. Zum Glück haben wir noch die Sonnenbrillen, die ich jetzt ebenfalls aus einer Plastiktüte hervorziehe. Grinsend setzt Joseph sich eine der Brillen auf die Nase.

»Du musst das abmachen, take this off«, sagt Diana und weist Joseph auf den großen UV-Schutz-Aufkleber hin, der mitten auf dem linken Brillenglas klebt.

»No!«, sagt er.

»I leave it to show it is new, original from Germany!«

Er nimmt die Plastikverpackung, in welche die Brille verschweißt war, klemmt sie sich an den linken Bügel, posiert, wie ein Gangster in einem Hip Hop-Video, bevor er breit grinsend seinen Kopf hin und her bewegt und singt: »*I just caaaall, to saaaay, I looove youuu!*« Die Stevie-Wonder-Parodie ist so witzig, dass wir alle laut lachen müssen.

So seien die Ghanaer, erklärt Joseph nach seinem Ständchen. Ließen die Verpackung an neu erlangten Dingen, um sie vor Abnutzung zu schützen und damit zu prahlen, dass sie im Besitz von etwas Neuem sind. Und ich muss an Davids Fernbedienungen denken, die er früher immer in Plastikfolie gewickelt auf dem Wohnzimmertisch in unserer Kölner Wohnung liegen hatte.

Wir sitzen noch eine ganze Weile auf der Veranda, stopfen Gummibärchen gegen den Hunger in uns rein und auch die Kinder verlieren zunehmend ihre Scheu. Sie tummeln sich um uns und spielen mit den leeren Gummibärentütchen, die mittlerweile im Hof verteilt herumliegen. Einige ganz Mutige fragen uns sogar, woher wir kommen und ob wir alle zusammen in einem Haus in Deutschland wohnen.

»No. We have separate homes«, sagt Diana und erklärt: »I live together with a friend. Esther lives with Alex and our father lives with our mother…«

»You don't live with your mother and father? Why?«, ruft einer der Jungs, macht einen Schnalzlaut und schüttelt den Kopf.

»This is not good!«, ruft er dann, klingt ziemlich entrüstet und runzelt die Stirn, was mich richtig perplex macht. Eine passende Antwort fällt mir auf Anhieb nicht ein. Ich weiß nur, dass ich für deutsche Verhältnisse viel zu spät bei meinen Eltern auszog. Ich war Mitte zwanzig, studierte und hatte wenig Kohle. In den letzten Monaten vor meinem Auszug fing ich allerdings an zu lügen, wenn Leute mich fragten, wo ich denn wohne.

»In der Innenstadt«, war meine Antwort. Kurz. Knapp. Ehrlich. Aber das reichte meistens nicht.

»Alleine oder in einer WG?«, bohrten sie nach.

»Bei…in einer WG«, log ich dann. Aus der Not heraus, um keinen Stempel aufgedrückt zu bekommen. Wohngemeinschaften mit nicht blutsverwandten Menschen sind jenseits des zwanzigsten Lebensjahrs in unserer Gesellschaft einfach anerkannter als das Wohnen bei den eigenen Eltern.

»That's just the way it is in Germany. Jeder bleibt für sich«, sagt meine Schwester.

Ein lautes Grummeln wechselt das Thema. Mein Magen knurrt laut. Ein Gefühl, das ich so schon lange nicht mehr hatte.

»Meint ihr, die müssen das Hühnchen erst noch schlachten?«, fragt Alex.

»Das ist Slow-Food hier«, sagt Diana. »Ganz frisch gekocht« In diesem Moment geht die Tür auf und Feli tritt auf die Veranda.

»Food is ready!«, sagt sie fast feierlich und winkt uns zu sich. Wir folgen ihr ins Haus. Der Tisch im Wohnzimmer ist gedeckt und es duftet köstlich. Reis, Soße, Kochbananen und gebratenes Fleisch (das mich vor lauter Hunger zu dem Entschluss kommen lässt, mein vormittägliches Vorhaben, unter die Vegetarier zu gehen, auf einen anderen Zeitpunkt zu verschieben). Das Wasser läuft mir im Munde zusammen, mein Magen knurrt wie ein ungeduldiger Hund. Dianas und Alex' Augen glänzen. Wir greifen zu, schaufeln uns Portionen auf die Teller. Während wir uns immer wieder bedanken, schieben wir unsere Gabeln in den Reis, führen sie zum Mund. Doch Feli unterbricht uns energisch.

»Stop!«

Sie brüllt fast. Erschrocken gucken wir sie an.

»Ey! You have to pray before you eat!«, sagt sie mit erhobenem Zeigefinger und in strengem Tonfall. Wir sollen vor dem Essen beten. Wie lange habe ich das schon nicht mehr gemacht? Ratlos schauen wir uns an. Das einzige Gebet, das mir einfällt, ist das *Vater Unser* und das Gute-Nach-Gebet, das Oma uns als Kinder vor dem Schlafengeben vorgebetet hatte.

»*Heiliger Schutzengel mein, lass mich dir anbefohlen sein, bei all den Nöten steh mir bei und halte mich von Sünden frei, bei Tag und Nacht ich bitte dich, beschütze und bewahre mich, Amen*«

Ja, Amen. Mit Essen hat das nichts zu tun.

»Can you pray?«, fragt Akos und zeigt auf Alex. Der bekommt einen hochroten Kopf, denn Alex ist Atheist. Nicht religiös. Ein bisschen buddhistisch vielleicht und sehr interessiert am Universum. Er sucht sich aus allen Religionen das für ihn Passende raus.

»Geht auch auf Deutsch?«, fragt er nervös.

»*Doitsch*, yes. Pray in your language. But you have to pray before you eat!« Felis Stimme klingt mahnend, darum betet Alex: »Lieber Gott, ehm, bitte segne dieses Essen. Tschuldigung, ich weiß nicht, wie man sowas macht. Bitte segne dieses Essen und die armen Hühnchen, die hierfür geopfert werden mussten. Und bitte mach, dass auch wirklich kein Fisch drin ist und ich diese großen Portionen aufessen kann, Amen!«

»Amen«, sagen wir. Dann geht es los. Das Essen riecht nicht nur gut, es schmeckt mindestens doppelt so gut. Die Soße ein Hochgenuss, der Reis vortrefflich und punktgenau gegart.

»Eat aaaall!«, sagt Akos zufrieden und lacht.

Die beiden Frauen setzen sich zu uns an den Tisch und beobachten uns fasziniert. Ein bisschen fühle ich mich wie ein Tier im Zoo, aber das gute Essen ist es mir wert.

»In Germany we say, it rains when you don't eat up«, erklärt Alex mit vollem Mund.

»So don't let the sky rain. Eat all!«

Da wir so schlingen, sind wir schnell voll. Allerdings ist noch ziemlich viel übrig in den Schüsseln. Da wir unsere Gastgeber nicht bereits am ersten Tag verstimmen wollen, kämpfen wir uns tapfer durch. Die frittierten Kochbananen geben mir jedoch den Rest und stopfen richtig. Das Essen zieht sämtliche Energie aus meinem Gehirn in den Magen.

David ruft an und verkündet, dass er es heute nicht mehr schafft, uns abzuholen. Zu viel zu erledigen und zu viel Verkehr in der Stadt.

»Ich komme morgen um zwölf Uhr!«, verspricht unser Vater. Mir kann es recht sein. Ich bin pappsatt, hundemüde und nicht mehr aufnahmefähig. Nach dem Essen hängen wir drei wie ein Schluck Wasser in der Kurve.

»Oh! You are tired!«, ruft Akos amüsiert.

Wir verbringen noch ein Stündchen auf der Veranda, bevor uns die Augen zufallen und wir bereits gegen neun Uhr am Abend *Gute Nacht* sagen.

»Wait!«, sagt Joseph, als wir Anstalten machen, in unsere Zimmer zu verschwinden. Er erklärt, dass er noch Moskitospray in den Schlafzimmern versprühen will und wir ein paar Minuten warten sollen, um die giftigen Gase nicht einzuatmen. Die Mücken in Accra seien tückisch und können Malaria übertragen, erklärt er. Sollte nach dem Sprühen noch ein Vieh im Zimmer übrig sein, dann kann es sich laut Joseph nur um ein ganz besonderes Exemplar handeln. Ein V.I.P. - ein *Very Important Mosquito*.

—

Montag. Wie viel man an einem Tag erleben kann, wenn man nicht im Büro sitzt, am Fließband steht oder erschöpft auf dem Sofa liegt. Der Stift in meiner Hand ist schwer wie Blei, genauso wie meine Lider. Stichworte. Nur Stichworte gegen das Vergessen.

Atta bedeutet Zwilling. Joseph und Josephine sind Zwillinge. Ihn ruft man Atta. Sie ruft man Attaa. Mit einem langgezogenen »a«, weil sie ein Mädchen ist.

Ich dachte Atta wäre achtzehn. Aber die Zwillinge sind gerade sechszehn geworden. Feli ist vierundzwanzig. Und hier wird Twi gesprochen. Das hat man uns nur leider nie beigebracht. Jetzt ist mein Kopf zu alt und verbraucht, um es zu lernen. Vielleicht bin ich auch zu faul und eingenommen vom Alltag. Aber ein bisschen kann man es ja versuchen.

Toffee. Alle lieben Toffee. Das Teufelszeug. Eine Frau mit Ziegenbärtchen schenkte uns die süßeste Ananas, die wir je aßen. Bofrots. Shito. Yams. Alle Kinder lieben Alex und sind so gläubig. »Esther! Esther is a queen. Esther is in the bible! We want to go to heaven«

Und dann sahen wir die Geckos. Sie nennen sie Lizzards und es gibt viele von ihnen. Und sie sind wunderschön. Schöner als die Tauben in Deutschland.

WARMDUSCHER

»Zehnmal hat der Hahn gekräht, als die Sonne aufging«, sagt Diana, als sie frisch geduscht aus dem Badezimmer kommt. Ich selber habe das Krähen nicht gehört, so tief war mein Schlaf. Tief und fest und kuschelig wie schon lange nicht mehr. Da kann der Tag ja starten, denke ich und stehe auf, um mich frisch zu machen.

Das Badezimmer ist weißgekachelt, hat ein Waschbecken und eine Toilette mit Deckel, in einem Regal liegen Handtücher und zwei Rollen Klopapier. Ein blauer, mit Wasser gefüllter Eimer steht zwischen der Toilette und der großen Badewanne und ich meine einmal gehört zu haben, dass die Ghanaer mit Wasser spülen, anstatt Toilettenpapier zu benutzen. Wahrscheinlich steht der Eimer deswegen hier. Ansonsten ist dieses Badezimmer stinknormal. Keine Kakerlaken, kein Plumpsklo, kein Schimmel in den Ecken oder Spinnen, die an den Wänden hinaufkrabbeln. Keine blöden Klischees.

Voller Vorfreude auf eine warme Dusche und einen neuen Tag in Ghana ziehe ich mir das Nachthemd über den Kopf und steige in die Wanne, stelle mich unter den Duschkopf, drehe den Wasserhahn auf - und schreie. Das Wasser trifft mich wie ein Schlag. Eiskalt läuft es mir über die Schultern.

»*Huuhuuuhaaahiiiiii*!«, kreische ich und versuche, den Duschkopf von der Halterung zu nehmen, aber er klemmt. Die Badezimmertür springt auf, Diana und Alex stehen im Türrahmen und starren mich an.

»Ka..ka..kaaalt!«, schreie ich und springe unter dem schallenden Gelächter der beiden auch schon aus der Badewanne.

»Upsi, Schwester, ich hätte dich vorwarnen sollen«, sagt Diana, nachdem ich Warmduscherin den kalten Schock überwunden habe.

»Hier kommt kein warmes Wasser aus der Leitung. Da steht ein Wassertank im Hof, der das Haus mit Wasser versorgt. Und wenn der mal leer ist, steht da der Wassereimer für den Notfall«

Mama hat Recht, denke ich. Ich bin empfindlich. Aber Kaltduscher konnte ich noch nie verstehen. Alex ist so einer. »Das ist gut für die Durchblutung und den Kreislauf. So wird man doch erst richtig wach!«, sagt er, während es für mich nicht warm genug sein kann. Dass eine lange, heiße Dusche auch ziemlich verschwenderischer Luxus ist, wird mir jetzt deutlicher denn je. Wasser, das kostbarste Gut unserer Erde.

BRAINFOOD

»Nehmt euch was zum Essen mit! Frühstück!«, hatte David uns mehrmals vor der Reise eingebläut. Also brachten wir Schwarzbrot, Nutella, Scheiblettenkäse, Margarine und lösliches Kaffeepulver aus Deutschland mit nach Ghana und beschließen an diesem Morgen, unser deutsches Frühstück auf der Veranda einzunehmen.

Als wir rauskommen, sitzt Joseph am Tisch und begrüßt uns. Feli hockt im Hof, schrubbt Wäsche in einem silbernen Bottich und wir fragen sie nach einer Waschmaschine.

»In Germany, we use machines for everything. We use washing machines, and dishwashers and dryers and microwaves and prepared food«, erklären wir.

»Here in Ghana, we use our hands«, sagt Feli.

»Manpower«, sagt Joseph und erklärt, dass die Ghanaer ihre Häuser mit bloßen Händen bauen. Ich will nicht so recht glauben, was er da erzählt. Das Haus, in dem wir unterkommen, hat neun Zimmer, ist geräumig, massiv und steht einem deutschen Haus auch optisch in nichts nach. Im Gegenteil. Hier ist nichts grau in grau, wie ich es aus Deutschland nur zu gut kenne. Die meisten Häuser, die ich bisher in den Straßen Accras sah, sind bunt und schön verziert bis ins kleinste Detail. Kräne, Planierraupen oder hohe Gerüste konnte ich bisher nicht entdecken. Dafür halbfertige Bauten an jeder Ecke. Geisterhäuser und Ruinen. Kaum ein Hausbau ist abgeschlossen.

»*Maa-chi*!«, ruft Akos, die in diesem Moment aus dem Haus tritt und wieder schallend lachen muss, als sie in unsere fragenden Gesichter blickt.

Auch Joseph muss lachen und erklärt, dass uns seine Mutter gerade auf Twi einen guten Morgen gewünscht hat. *Maakye.*

»You have to learn Twi! We will teach you!«, ruft Akos, und ich schäme mich ein wenig dafür, dass ich mir vor der Reise nicht zumindest ein bisschen Zeit genommen habe, um ein paar Worte der Sprache zu lernen. Ein sehr nettes Mädchen[4] schenkte mir zwar ein Twi-Wörterbuch. Bis kurz vor der Reise schaffte ich es allerdings nicht, mich wirklich damit zu befassen.

»Ɛte sɛn?«, fragt Akos uns jetzt.

»Ɛyɛ!«, rufen Diana und ich wie aus einem Munde, weil ihre Frage eine der einzigen Twi-Floskeln ist, die wir kennen. In Köln hat unser Vater einen ghanaischen Freund, der regelmäßig zum Essen vorbeikommt. Und immer, wenn er meine Schwester und mich sieht, fragte er: »Ɛte sɛn?« (»wie geht's?«), und wir antworteten: » Ɛyɛ!« (»Gut!«). Wenigstens etwas.

»Bɔkɔɔ! Good«, ruft Akos und lacht anerkennend. Dann fährt sie mit ihrem Unterricht fort.

»You can also say, Me ho yɛ, me da ase«, sagt sie. Und Joseph erklärt, das bedeute: Mir geht es gut, danke.

Die beiden bringen uns noch ein paar andere Worte bei:

Debi – nein
Ane – ja
Äja, Mamen – ich bin satt
Maaha – Guten Mittag
Maadwo – Guten Morgen

Dann fragt Akos, ob wir schon gefrühstückt haben.

»Yes, we had bread«, erkläre ich und zeige ihr das in Plastikfolie eingeschweißte Schwarzbrot auf dem Tisch. Akos rümpft die Nase, lacht und klingt ein wenig spöttisch.

»Bread? You eat bread every morning, right?«, fragt sie, und wir nicken.

»Yes, we eat bread or cereals for breakfast. And coffee, and milk«, sagt Alex und fragt »What do you eat for breakfast?«

»We eat strong food! Rice or Banku«, antwortet Akos und grinst.

---

[4] Danke, Lea!

Bei der Vorstellung, schon morgens eine große Portion Reis oder Maisbrei zu verspeisen, wird mir etwas flau im Magen. Ich habe nicht einmal das üppige Mahl von gestern Abend verdaut, bin im Grunde noch immer satt.

»But sometimes I just drink *Milo*«, ergänzt Joseph.

»*Milo*?«, frage ich, und Joseph steht auf.

»One Moment, I show you«. Er verschwindet im Haus und kommt mit einer grünen Dose wieder. *Nestlé – Milo*, steht auf dem Etikett und es ist Kakaopulver drin.

»But how come you don't drink your own cacao from Ghana?«, frage ich entsetzt. Mein Gerechtigkeitssinn schlägt Alarm, weil ich zu viele Dokumentationen über die ausbeuterischen Importverhältnisse in Ghana gesehen habe und darüber, dass große Unternehmen wie *Nestlé* sogar darauf aus sind, Wasser zu privatisieren. Dabei ist Wasser ein Menschenrecht. Und Ghana hat genug Rohstoffe, um seinen eigenen Kakao zu produzieren.

»It's because of the industry«, sagt Joseph.

»You know in Ghana we have everything. Gold, cacao. We even have our own petrol. But there is *Shell* and the Chinese and foreign petrol stations. And they import everything in our country. So I drink *Milo*. It is cheap. You can buy it everywhere«

BABY

Wir verbringen den Vormittag im Hof und unterhalten uns mit den Hausbewohnern und den Kids aus der Nachbarschaft. Alex hat ein Beachball-Set dabei und wir spielen mit den Kindern. Irgendwann gesellt Akos sich zu uns und spielt mit. Und obwohl sie noch nie zuvor Beachball gespielt hat, erweist sie sich als wahres Naturtalent. Sie treibt sogar dem Champion Alex den Schweiß auf die Stirn.

Irgendwann geht das Tor quietschend auf und eine Frau, die eine große Schüssel auf dem Kopf trägt, kommt herein. Sie verkauft Erdnüsse. *Groundnuts*, deren intensiven Duft ich deutlich riechen kann, als sie vor mir steht. Wie Erdnussbutter. Lecker. Ich muss an Davids Warnung davor denken, kein Essen von den Straßenhändlern zu kaufen. Aber da es längst nach zwölf Uhr ist und unser Vater nicht auftaucht, greife ich trotzig zu, kaufe der Frau ein Tütchen der Erdnüsse ab. Außerdem kaufe ich ein paar Bofrots, die frittierten Teigbällchen, auf die ich gestern schon so scharf war. Alle essen das hier, was kann daran denn so schlimm sein? Ich werde schon keinen rohen Fisch oder Fleisch am Straßenrand kaufen, wie ein Freund von Alex und mir, der einmal in Ghana war. Der hatte Muscheln gegessen vom Straßenrand und danach wurde ihm speiübel. Aber bei Bofrots und Groundnuts, was kann man da denn falsch machen? Ich beiße beherzt zu und es schmeckt köstlich.

Josephine kommt auf den Hof, hält ein Baby auf dem Arm. Süß und pummelig. Er heißt Nana Yaw, genauso wie unser neugewonnener Onkel. Der kleine Nana Yaw ist der Sohn einer Frau, die in einer der Buden an der Hauptstraße arbeitet und die ich eindeutig nicht in die Kategorie *überbesorgte Mutter* einordne. Ihr Kleiner befindet sich weit außer Sichtweite und wird von Josephine jetzt kurzerhand auf meinen Arm gesetzt. Er lacht und sabbert und direkt kommen wieder diese Muttergefühle in mir hoch. Die habe ich öfter in letzter Zeit. Wahrscheinlich sind das die Hormone und die tickende Uhr.

Früher konnte ich mit Babys eigentlich nichts anfangen – außer mit meinem kleinen Cousin Luis, der leider viel zu früh verstarb. Als er ein kleines Baby war, konnte ich ihn stundenlang im Arm halten, so ruhig und süß und friedlich war er.

Jetzt bin ich Ende zwanzig, aber von einem Kinderwunsch kann ich nicht wirklich reden. Zumindest nicht offen. Nicht *wirklich*, wirklich. Das tun die wenigsten in meinem Alter. Generation »*New Girl*« hat einfach noch so viel vor, macht sich viele Gedanken. Ein Baby passt nicht recht zu Freiheitsdrang und

Selbstverwirklichung, mehr zu Verantwortung und Verpflichtung.

Als meine Mutter in meinem Alter war, hatte sie bereits zwei Töchter. Als meine Oma in meinem Alter war, hatte sie drei Töchter und einen Sohn. Die Kinder kommen sie heute mit ihren Enkeln besuchen. Wie wird das bei mir aussehen in vierzig Jahren?

Der kleine Nana Yaw gluckst und lacht zufrieden, scheint seine Mama nicht zu vermissen und sich auf meinem Arm pudelwohl zu fühlen. Nur schwer ist er. Richtig schwer. Ein wahrer Wonneproppen. Josephine schlägt vor, ein bisschen spazieren zu gehen. Also gehen wir raus, überqueren die dicht befahrene Hauptstraße, springen über die Abwassergräben am Straßenrand und balancieren über einen dünnen, aus Holzbrettern gebauten Bürgersteig – alles mit dem Baby auf dem Arm. Da er wirklich schwer ist, gebe ich ihn ab und zu gerne an Diana ab.

Vor einem Verkaufsstand bleiben wir stehen. Eine Frau schneidet Ananas mit einer langen Machete. Sie hat ein kleines Ziegenbärtchen am Kinn, strahlt und lächelt, als sie uns sieht, und begrüßt uns herzlich. Sie lädt uns in ihren Hinterhof ein. Aufgescheuchte Hühner laufen umher, kleine Kinder in Windeln schauen schüchtern aus einer der Bretterbuden zu uns auf. Wir setzen uns auf Plastikstühle und halten ein bisschen Smalltalk. Woher wir kommen, wie lange wir bleiben, dass wir immer herzlich bei ihr eingeladen sind. Zum Abschied schenkt sie uns eine Ananas, schneidet sie in kleine Stücke, die so süß schmecken, das kann man sich nicht vorstellen, wenn man es nicht selbst probiert. Auch Nana Yaw schmeckt es vorzüglich. Er sitzt zufrieden auf meinem Schoß und jetzt will ich ihn gar nicht mehr hergeben.

KIDS

Ich wurde in Köln geboren und wuchs auch dort auf, in einer Wohnung mitten in der Innenstadt. Ohne Balkon, aber unsere Mutter ist oft mit meiner Schwester und mir raus gegangen. Wir waren im Park, im Schwimmbad, in Museen und viel an der frischen Luft. Die Ferien verbrachten wir oft bei unseren deutschen Großeltern, die in einem Haus mit Garten leben. Dort konnten wir die Natur ebenfalls erkunden. Trotzdem gab es auch oft Tage, da spielten wir den ganzen Tag in unserem Kinderzimmer und die griesgrämigen Nachbarn in der Wohnung unter uns beschwerten sich nicht selten bei unseren Eltern über die trampelnden Blagen. Später wurde es dann leiser. Der *Gameboy* und der *Nintendo 64* sorgten dafür, dass wir nicht mehr in der Wohnung fangen spielten, sondern *Link* durch die Welten von *The Legend of Zelda* steuerten.

Hier in Ghana wachsen die Kids anders auf. Auch wenn die Stadt zugebaut ist mit Häusern, Ruinen und maroden Straßen und viel Verkehr herrscht, laufen die Kinder den ganzen Tag draußen herum. Kein Fernseher, keine Playstation, kein *Tablet* oder *Smartphone*. Keine virtuellen Realitäten. Die Kids erkunden die reale Welt meist barfuß und ohne Spiele-Controller.

Hier in der Nachbarschaft gibt es zum Beispiel die kleinen Eierköpfe, die kleinen Attas. Zwei kleine Jungs, Zwillinge. Kenneth und Kevin heißen sie. So richtig auseinander halten kann ich sie allerdings nicht. Sie ähneln sich wie ein Ei dem anderen, können klettern wie die Weltmeister und man trifft sie stets zu zweit. Sie streiten zwar viel miteinander, aber wenn es darum geht, den Bruder zu beschützen, sind sie immer sofort zur Stelle. Ihre Mutter hätte wohl dreimal Zwillinge bekommen, erklärt unser Vater. Das erste Paar lebt in London. Dann kamen die zwei kleinen, vielleicht vierjährigen Jungs. Und dann gab es noch ein Geschwisterpaar, leider verstorben.

Dann gibt es Agnes. Ein sehr neugieriges Mädchen mit großem Interesse an meiner Kamera. Ich gebe sie ihr, lasse sie filmen.

Was ist schon dabei? Ich bin neugierig darauf, die Welt aus der Perspektive des Mädchens zu sehen und freue mich über ihr Interesse.

Da ist auch Erikah, ein kleines, hübsches und süßes Mädchen, das sich allerdings als wahre Zicken-Diva entpuppt und jedes Mal überschäumt voller Eifersucht auf ihre Spielgefährten, sobald sie nicht genug Aufmerksamkeit bekommt oder das Spielzeug mit einem anderen Kind teilen soll. Dann schmeißt sie auch gerne mit Dingen um sich, spuckt und kratzt und nimmt mich nicht ernst, wenn ich sie ermahne. Ich klinge zu nett, zu antiautoritär. »Erikah, could you please stop and play with the other kids, please?«

Wenn Akos oder Feli die Kinder in ihre Schranken weisen, dann hören sie aufs Wort. »Eh! Erikah! You stop this now! Eh! *Tsch*!«

Ich hab sie halt nicht drauf, diese respekteinflößende Art der afrikanischen Frauen. Dazu die passende Mimik und Gestik, auch ein Teil der Sprache und Kultur Ghanas, von der ich mir gerne etwas abgucken möchte.

Und dann gibt es noch Georgina, das Mädchen, das an unserem ersten Morgen den Hof fegte. Sie ist ruhig und etwas schüchtern, und wenn Akos oder Feli rufen, dann kommt sie und erledigt das, was ihr aufgetragen wird. Irgendwer erklärte mir, sie sei die Tochter von Verwandten. Sie dürfe bei Akos wohnen und hier in Accra zur Schule gehen, dafür müsse sie im Haushalt helfen. Sowas sei normal hier in Ghana. Mir tut die Kleine bisweilen ein wenig leid.

In einem stillen Moment blättere ich durch ihre Schulhefte, die draußen auf dem Weihnachtstisch liegen, und stelle fest, dass die Kinder in der Schule sowohl christliche als auch muslimische Religion beigebracht bekommen, ganz egal, welcher Glaubensrichtung sie wirklich angehören. Auch wenn hier in Ghana überwiegend Christen leben, wird der Islam nicht zum Feindbild erklärt. Ganz im Gegenteil. Moscheen thronen neben Kirchen, Moslems und Christen leben friedlich und respektvoll miteinander. Das ist selten geworden auf dieser Welt. Ich hoffe, es wird sich hier nie ändern.

Die Kinder hier in der Nachbarschaft sind überwiegend Christen. Vor allem der kleine Kelvin, ein aufgeweckter Junge, dessen Mutter in einem Shop an der Hauptstraße arbeitet.

»What is this?«, ruft er, als er die Kette um meinen Hals entdeckt. Ein aus hellgrünem Edelstein geschnitzter Schutzengel, den ich von meiner Cousine geschenkt bekam.

»Do you worship this? Don't worship it! It is an idol!«, ruft Kelvin entsetzt. »You should not worship an idol beside your God!«

Zu meiner Erleichterung ist Kelvin auch an anderen als an religiösen Dingen interessiert. Er erklärt mir, dass man Cholera und andere Krankheiten bekommen kann, wenn man vom Boden isst. Außerdem fragt er, ob wir mit dem Flugzeug aus Deutschland gekommen seien.

»Yes!«, antworte ich, und er schüttelt nur besorgt den Kopf.

»I don't go by plane, it can go down«, sagt er.

»What about the train?«, frage ich.

»No! I am afraid of the train, it can crash!«

»Car?«

»No, there can be an accident!«

»Ship?«

»No! It can sink!«

»So, you like to walk?«, frage ich den verkehrsmittelscheuen Jungen.

»Yes! It is healthy to walk and it gives me vitamins! Vitamin D and B and I can walk everywhere. I don't like sitting in the car too long anyways. It is not healthy and it is not good for our environment«

Ich weiß nicht, warum ich in diesem Moment an meine Mitgliedschaft im Fitnessstudio denken muss, von der ich seit Monaten keinen Gebrauch mehr mache. Stattdessen sitze ich Tag für Tag im Büro vor dem Computer. Meine Augen werden schlechter und mein Rücken tut mir weh. Abends falle ich oft müde und faul auf die Couch oder verbringe viel Zeit in virtuellen Realitäten. Dabei ist langes Sitzen der Killer. Ich würde mich ja gerne mehr bewegen, aber im Fitnessstudio ist mir das teilweise zu mechanisch. Roboter im Job, Roboter beim Sport. Vielleicht sollte ich es wirklich mal mit Yoga versuchen.

Kelvins Worte hauen mich um. Generell bringen die Kinder mich zum Staunen. Sie sind neugierig und selbstbewusst, stecken (neben dem für Kids typischen Schalk im Nacken) voller Normen und Werte, die wir in unserer westlichen Gesellschaft längst vergessen haben. Zumindest scheint es so und ich kann viel lernen von Kenneth, Kevin, Erikah, Kelvin, Agnes, Kwame, Elvis oder Georgina.

Als Feli fragt, warum Alex und ich noch keine Kinder haben, drucksen wir herum. Wie erklärt man ihn auch, den Lifestyle der Leute meiner Generation in Deutschland? Wie erklärt man, dass wir erstmal froh darüber sind, überhaupt noch zusammen zu sein nach über sechs Jahren? Wie erklärt man die vorherrschende Bindungsangst, den zwanghaften Drang nach Freiheit und die permanente Unsicherheit, weil die Umwelt zu viele Möglichkeiten bereit hält? Dann noch Leistungsdruck, Karriereleitern und übermäßiges Grübeln, die Welt sehen wollen, bevor es zu spät ist. Wie erklärt man die Angst vor der Verantwortung in der konsumgetriebenen Ich-Gesellschaft, ohne dabei verdammt hochnäsig und dekadent zu klingen, hier in dieser anderen Welt?

OP DEM MAAT

Ich habe eine Freundin, die kenne ich seit der ersten Klasse. Ihr Vater spielt bei »De Räuber« Schlagzeug und jetzt habe ich einen Ohrwurm. »Op dem Maat, op dem Maat, stonn die Buure, decke Eier, fuhle Prumme, lange Muhre. Un die Lück, un die Lück, sin am luure, op die Eier, op die Prumme, op die Muhre«[5]. Ein kölscher Klassiker aus der Heimat.

Akos schlägt vor, auf den Markt zu gehen, und weil David nicht auftaucht, begleiten wir sie. Akos geht voran, einen Einkaufskorb am Arm baumelnd. Dahinter Josephine, Feli, Diana, Alex und ich. Die Handtasche unterm Arm festgekrallt. Im Gänsemarsch, wie damals im Kindergarten, nur nicht Hand in Hand. Unser Vater hatte uns oft gesagt, dass man das in Ghana nicht mache auf offener Straße. Händchenhalten oder küssen. Intimer Körperkontakt. Also laufen wir durch die Straßen, ohne uns zu berühren. Die Leute checken aber, dass wir zusammengehören. Die Leute starren uns an. Manche rufen etwas zu Akos und Feli und Josephine rüber, die stolz und mit aufrechtem Gang durch die Straßen schreiten. Überhaupt, hier laufen alle aufrecht. Stolz und aufrecht. Nicht buckelig und geduckt. Eine gerade Haltung haben selbst die Kleinen.

»This way«, sagt Feli, und wir biegen zwischen zwei verlotterten Bretterbuden in eine enge Gasse ab. Ein paar Kinder laufen uns hinterher, verstecken sich, lachen, rufen »Obroni, Obroni!« und sehen dabei nicht nur Alex an. Ich vermute, sie meinen wirklich uns alle drei. Auch Diana und mich, die wir ebenso aus der Masse der Ghanaer hervorstechen.

Am Ende der Gasse beginnt der Markt. Auf großen Holztischen stapeln sich hohe Berge von Yamswurzeln und Kochbananen, Kisten voller Tomaten und Kohl und Zwiebeln und dicken Knoblauchknollen. Bude neben Bude, Warenauslage neben Wa-

---

[5] De Räuber – Op dem Maat (1993)

renauslage. In den Regalen stehen Flaschen mit gelbem Öl und Konservenbüchsen mit passierten Tomaten, Bohnen oder Thunfisch oder Sardinen. Liebevoll aufgebaut wie beim Dosenwerfen auf der Kirmes. Und alles riecht. Intensiv. An den Holzpfählen der Marktauslagen hängen bunte Tütchen, *Maggi*-Würze. Überall *Maggi* und Gewürzmischungen, die Akos begutachtet. Mehl und Erdnüsse in großen durchsichtigen Plastiktüten und Eier mit weißem Belag an der Schale, frisch gelegt und feilgeboten. Vor einem Berg voller orangefarbener kleiner Früchte, die aussehen wie Minipaprika, machen wir Halt.

»What is this?«, fragt Alex.

»Garden Eggs!", sagt Akos. Dann spricht sie mit der Verkäuferin, nimmt eine der Früchte in die Hand, riecht daran, begutachtet sie, spricht wieder mit der Verkäuferin.

»What is your name?«, fragt die Verkäuferin und lächelt Alex breit an.

»Alex«, antwortet er und lächelt zurück, charmant wie eh und je.

»Where are you from?«, fragt die Verkäuferin und beugt sich zu ihm rüber.

»From Germany!«, sagt er.

»Will you marry me and take me to Germany?«, ruft die Verkäuferin.

»No, he stays with me!«, sagt Feli und hakt sich bei Alex ein. Nicht, dass ich eifersüchtig wäre, aber ich stehe direkt daneben. Ich drehe mich zu einer anderen Seite, will tief durchatmen. Aber der Geruch von getrocknetem Fisch strömt mir in die Nase.

Gewürze, Frittiertes. Irgendwo läuft das Radio und eine kratzige Stimme spricht laut irgendwas auf Twi. Ich würde es so gerne verstehen, würde gerne die Sprache dieser Menschen sprechen. Stattdessen verschwimmen die Worte zu einem Brei, ich kann mir nicht einmal merken, was *Guten Morgen* heißt.

Wir gehen weiter vorbei an Fliegengittern und Verkaufsschildern. In einem Plastikeimer tummeln sich graue, kleine Krebse. Ein paar krabbeln auf dem Boden herum, genießen ihre süße

Freiheit, ahnen nichts von der Gefahr, zertrampelt zu werden. In einem pinken Gitterkorb daneben liegt ein Haufen voll lebendiger, großer Schnecken, mit dunklem Fleisch und spitzen Schneckenhäusern. Kindheitserinnerungen an eine Geburtstagsfeier schießen in mir hoch. Damals hatte David zwei Riesenschnecken in der Küche in einem Eimer gezüchtet.

»Das ist eine Delikatesse!«, sagte er und weigerte sich, die Schnecken aus der Küche zu entfernen. Das war meiner Schwester und mir so peinlich, dass wir die Geburtstagsparty ausfallen ließen und uns stattdessen mit unseren Freunden auf dem Platz vor unserem Haus trafen.

Eine Marktverkäuferin reißt mich aus den Gedanken, fuchtelt mit einem zappelnden Krebs in der Hand vor unseren Köpfen herum, legt ihn mir ungefragt in die Hand und ich lasse das Tier vor Schreck reflexartig fallen. Die anderen lachen. Josephine bückt sich und hebt den Krebs vom Boden auf, legt ihn wieder in den Korb.

Aus dem Dickicht der Verkaufsstände kommen wir an einen freien Platz, in dessen Mitte sich ein großer Sperrmüllhaufen befindet. Ich erkenne Pappkartons und dunkle, marode Möbel. Der Boden ist staubig und mit schwarzer Asche bedeckt. Vielleicht wird der Müll hier verbrannt?

Wir gehen auf einen weiteren Verkaufsstand zu, über dessen Wellblechdach ein handgemaltes Schild hängt. »*Peace & Love Cold Store*« steht darauf in blauer Schrift. Darunter sind abgeschnittene Fischköpfe und Hühnerbeine aufgemalt. »*Wings, Fish, thighs, goat*«

Ein großer Haufen Ingwer liegt auf dem Boden vor der Bude. Auf der dunklen Holztheke steht eine rostige, alte Waage mit zwei Waagschalen. Die blaue Farbe ist abgesplittert. Akos spricht mit dem Verkäufer. Der geht zu einer Kühltruhe und holt ein großes Stück gefrorenes Fleisch heraus, Hähnchen wahrscheinlich. So genau kann ich das nicht erkennen, muss an unterbrochene Kühlketten denken und Dokumentarfilme über europäische Fleischreste, die als Agrarexporte tonnenweise nach Afrika verschifft werden. Billigimporte, die den Menschen hier die Geflügelindustrie kaputt machen. Das, was bei uns niemand essen will, landet heute Mittag in der Suppe.

Der Verkäufer greift zu einer Machete, die auf dem Tisch liegt, und hackt das gefrorene Fleisch in kleine Stücke, wirft diese in die Waagschalen und packt anschließend alles in eine Plastiktüte.

Auf dem Rückweg erweist Alex sich erneut als Charmeur und trägt die Einkaufstaschen der Frauen.

»No!«, sagen die zuerst und lehnen sein Angebot ab. Als er nicht locker lässt, sind sie beeindruckt.

–

In Deutschland hat uns Opa beigebracht, vernünftig mit Messer und Gabel zu essen. Und nutzt man den Löffel zur Suppe, ruht die freie Hand sichtbar auf dem Tisch. In Ghana essen wir mit der rechten Hand, oft mit der bloßen. Die Linke liegt locker auf dem Oberschenkel. Sie ist für die unreinen Dinge des Lebens bestimmt. »Zum Arschabputzen«, sagt David. Als wir noch Kinder waren, hat David jeden Sonntag für uns Fufu gemacht. Große Berge voller Essen, die wir manchmal nicht aufessen konnten. Um ihn nicht zu verärgern, wickelten wir knorpeliges Soßenfleisch heimlich in Taschentücher ein und warfen sie in den Mülleimer. Unsere Mägen waren einfach zu klein für die großen Portionen.

FUFU

Keine Spur von unserem Vater, als wir wieder zurückkommen. Dafür erwarten uns die Kinder aus der Nachbarschaft. Sie wollen mit uns spielen. Vor allem auf Alex haben sie es abgesehen, der sie fangen und durch die Luft wirbeln soll, bis ihnen schwindelig wird. Kelvin setzt sich zu mir und will mir ein Fingerspiel zeigen. Eigentlich hatte ich vor, mich ins Schlafzimmer zurückzuziehen, ein wenig zu dösen, bis unser Vater auftaucht oder das Essen fertig ist, denn die Frauen des Hauses lassen uns nach wie vor nicht in der Küche helfen. Aber der Junge lässt sich nicht abwimmeln, darum lasse ich mich auf sein Spiel ein.

Wenn man sich mag und miteinander befreundet ist, erklärt er, dann hake man die Zeigefinger ineinander. Er streckt mir seinen gekrümmten Zeigefinger entgegen und ich hake meinen bei ihm ein. Wie einfach, denke ich. Kelvin grinst und ich grinse zurück. Dann haut er plötzlich mit der Kante seiner freien Hand zwischen unsere Verbundenheit und reißt unsere Finger wieder auseinander. »Ey!«, rufe ich, und er lacht. Wenn man Streit hat, dann ist dieser Freundschaftsbund gebrochen, ruft er, und ich halte einen Moment geschockt inne. Aber wir hätten keinen Streit, beruhigt er mich und sagt, er wolle mir das Spiel nur demonstrieren. Dann fragt er, ob wir in Deutschland auch solche Freundschaftsspiele haben. Da ich kein Kind mehr bin und mich gerade beim besten Willen nicht erinnere, zucke ich nur die Schultern.

»In Germany you don't have something because you don't have time«, sagt der Junge. Recht hat er, denke ich. Zeit ist Geld. Mit Sicherheit haben wir genug Spiele in Deutschland. Aber richtig Zeit, um sie zu spielen, haben wir selten. Vor allem nicht mit Ende zwanzig.

Die Tür geht auf und Akos kommt mit einem braunen Holzgefäß auf den Seitenhof. Josephine bringt ihr einen Hocker, auf dem Akos Platz nimmt, das Gefäß stellt sie vor sich auf dem Boden ab. Dann gibt sie den Kindern um sich herum Anweisungen. Georgina läuft ins Haus und kommt mit einem Eimer Wasser wieder. Joseph bringt seiner Mutter einen dicken Holzpflock, vielleicht aus Bambus und viel länger als Joseph. Am Ende ist der Stock platt wie ein Elefantenfuß, sieht aus wie ein Stampfer. Feli kommt aus dem Haus und hat zwei Plastikschüsseln dabei, stellt sie auf den Boden. Eine der Schüsseln ist mit geschnittenen, dampfenden Stücke der Yamswurzel gefüllt. Die andere Schüssel enthält ähnliche, jedoch gelbere Stücke.

»Yam and Cassava, we make *Fufu*[6] now«, ruft Akos.

Joseph schaltet Musik auf seinem Handy an. Leann Rimes' Hit *How do I live* dröhnt über den Hof. Akos spült das Holzgefäß mit dem Wasser und wirft dann ein paar Yamswurzeln hinein. Dann nimmt Joseph den Stampfer und stampft drauf los. In gleichmäßigem Rhythmus und mit einer Hand hält er den Stampfer und singt dabei laut mit. Zwischen jedem Hieb fährt Akos mit ihrer Hand über die zerstampften Yamsstücke und benetzt sie mit Wasser. Jedes Mal schrecke ich zusammen, weil es so aussieht, als würde Joseph seiner Mutter bald die Hand zertrümmern.

Es dauert eine ganze Weile, bis aus den Yamsstücken ein Brei entsteht, der mich optisch schon ein wenig an das Fufu erinnert, das David zu Hause aus Kartoffelpüreepulver und Kartoffelmehlpulver zubereitet. Die fertigen Breifladen gibt Akos in eine weitere Schüssel. Als keine Yams mehr übrig sind, beginnen sie, die Cassava-Stücke zu stampfen.

»Das sieht auf jeden Fall ganz anders aus als bei deinem Vater«, bemerkt Alex. »Aber ich glaube, die Nachbarn würden sich beschweren, wenn er das jedes Mal so machen würde!«

Joseph hält inne und drückt mir den Stampfer in die Hand.

»Try!«, fordert er mich auf. Der Stampfer ist schwerer, als ich dachte. Ich stelle mich vor das Gefäß und stampfe. Mit beiden Händen, zaghaft. Alle brechen in schallendes Gelächter aus. Ich lache mit, versuche es noch mal, versuche einen Rhythmus zu finden, Akos fährt sogar ein paar Mal mit der Hand über den Teig. Mir bricht der Schweiß aus, so große Angst habe ich, sie mit voller Wucht zu treffen. Nach ein paar Hieben gebe ich auf, rufe nach Diana, die das Ganze schon ein bisschen besser hinkriegt, den Stampfer aber schnell an Alex weiterreicht. Mit aller Kraft haut er zu. Ohne Rhythmus, nur mit Kraft. Auch bei ihm

---

[6] Fufu ist ein westafrikanisches Hauptgericht u.a. bestehend aus Yams- und Maniokwurzeln.

lachen die Umherstehenden. Anders als ich gibt Alex aber nicht so schnell auf, versucht es erneut, stampft den Brei voller Ehrgeiz und mit aller Kraft, unbeholfen, ungleichmäßig, mit hochrotem Kopf.

Joseph unterbricht ihn, nimmt ihm den Stampfer ab und klopft den Brei mit Leichtigkeit. *Tok, tok, tok* im gleichmäßigen Takt.

»It is not about strength«, erklärt er. »It is strategy«

Es kommt nicht auf die Kraft an, sondern auf die Strategie.

Auch ich nehme den Stampfer noch einmal und versuche es erneut, versuche darauf zu vertrauen, dass ich Akos nicht verletzte, versuche mich auf den Rhythmus zu konzentrieren. Mittlerweile ertönen Afrobeats aus Josephs Handy und ich haue im Takt der Musik. Joseph erklärt, dass sie das Fufu hier von klein auf mitstampfen und das alles eine Sache der Gewohnheit sei.

»If you don't do this, you have no food!«, sagt er und grinst. Dann nimmt er mir den Stampfer ab, vermischt die beiden Breisorten und klopft sie zu einem großen Kloß zusammen.

Als das Fufu fertig ist, essen wir gemeinsam mit Akos und Feli im Wohnzimmer und es schmeckt vorzüglich. *Finger lickin' good*, denn Fufu wird hier mit der Hand gegessen.

–

Ich erinnere mich nicht gerne an den Kommunionsunterricht. Meine frommen Mitschüler hatten es faustdick hinter den Ohren und machten mir die Zeit vor und nach dem Unterricht zur Hölle. Ich mochte es auch nie, jeden Dienstagmorgen in die Kirche gehen zu müssen, während sich meine anderen, nicht katholischen Klassenkameraden nochmal gemütlich im Bett umdrehen durften. Und in die afrikanische Kirchengemeinde mit meinem Vater? Nee, danke. Ich hätte meine Sonntage auch gerne anders verbracht, aber David ist ein gläubiger Christ. Trotzdem glaubt er an die Wiedergeburt. »In meinem früheren Leben war ich ein Römer!«, behauptet mein Vater. Darum schaut er sich so gerne Filme über blutige Gladiatorenkämpfe

und brutale Schlachten an. Auch der griechischen Mythologie ist er
nicht abgeneigt. Und so sahen wir an den kirchenfreien Sonntagen
oft gemeinsam »Kampf der Titanen«.

DER TEUFEL IN GELB

Als es draußen dämmert, taucht unser Vater endlich auf. Er sieht müde aus, schimpft über den Verkehr, in dem er den ganzen Tag feststeckte und der ihm seine kostbare Zeit raubte.

»Seid ihr sauer, dass ich nicht früher gekommen bin?«, fragt er. Aber das sind wir ganz und gar nicht nach all den Erlebnissen des Nachmittags. Auch satt sind wir bereits, darum schlägt David vor, ihn zum Haus des Freundes zu begleiten, bei dem er unterkommt.

Wir machen uns frisch und fahren gemeinsam mit David, Akos und James in Onkels Kleinbus durch die abendlichen Straßen Taifas. In einer weniger belebten Straße vernehmen wir laute Orgelmusik, die aus einem Hof ertönt. Wir steigen aus, David führt uns durch ein Tor in den Hof hinein, wo wir mitten in einem Gottesdienst landen.

»Das ist mein Bekannter, Apostel Boakye«, ruft David und zeigt auf einen Mann in schwarzem Jackett, der auf einem Podest steht und mit ausgebreiteten Armen im Takt der Musik hin und her wippt. Neben ihm singen zwei Frauen laut in übersteuerte Mikrofone. Ein weiterer Mann spielt grelle Orgelmelodien auf einem Keyboard. Im Hof vor ihm sind blaue Plastikstühle aufgereiht, prunkvoll gekleidete Frauen singen, tanzen und klatschen. Eingewickelt in ein grüngemustertes Tuch ruht ein Baby auf dem Rücken einer Frau. Sie steht direkt neben einem der großen Lautsprecher, der die Musik laut und kratzig über den gesamten Hof bis auf die Straße strömen lässt. Dem Baby scheint der Lärm nichts auszumachen, es hängt seelenruhig auf dem Rücken seiner Mama. Wahrscheinlich ist es schon taub, denke ich.

Eine Frau in blauem Gewand kommt tanzend auf uns zu und begrüßt uns ausschweifend.

»Helloooo! Helloooo! Welcome to our glory house!«, ruft sie und drückt uns einen nach dem anderen herzlich an ihre ausladende Brust. Dann nimmt sie Diana und mich bei den Händen und zieht uns in die Mitte der Tanzenden. Alex versteckt sich hinter David, der mit verschränkten Armen stehen bleibt. Ich weiß nicht was ich tun soll. Auf eine spontane Tanzeinlage war ich nicht vorbereitet, alle starren uns an. Wenn ich nicht tanze, ist das nicht nur unhöflich, sondern auch ziemlich peinlich. Schließlich bin ich die Tochter eines Afrikaners, es wird von mir erwartet, dass ich tanzen kann. In Deutschland ist das zumindest so. Das setzt mich jedes Mal unter Druck. Um nicht noch mehr Aufmerksamkeit auf mich zu ziehen, tanze ich jetzt, versuche es zumindest. Wippe steif mit den Hüften und Armen hin und her und komme mir so wahnsinnig eingerostet vor.

Früher war das ja mal anders. Sie nannten mich Esther Fiesta, weil ich kaum eine Party ausließ, auf Tischen tanzte, wild und jung und frei, jedes Wochenende in den angesagtesten Clubs der Stadt. Ohne Ballast im Kopf, im Hier und Jetzt verankert und den Moment genießend. Und heute? Was ist nur mit mir los? *Was hat mich bloß so ruiniert?*[7] Stocknüchtern und steif treffe ich den Takt nicht mehr. Wahrscheinlich, weil ich zu viel vor dem Computer sitze und mir über so viele Dinge zu viele Gedanken mache. Was ist nur aus mir geworden? Ein Püppchen mit steifen Gliedern.

Diana macht das besser. Ihre Hüften bewegen sich im Takt, sie lächelt, bewegt sich gewandt zum Rhythmus der Musik, spielt mit den Blicken ihres Publikums, scheint kein Problem damit zu haben, ihren Körper so ungehemmt zur Schau zu stellen. Ihre Bewegungen fließen. Ich versuche einige ihrer *Moves* nachzuah-

---

7 Die Sterne: Was hat dich bloß so ruiniert?

men, aber das funktioniert nicht. Ich schaffe es nicht, mich gehen zu lassen.

Als sich das Lied nach einer gefühlten Stunde dem Ende zuneigt, weist uns die Frau in Blau ein paar Plätze in der ersten Reihe zu. Der Apostel hält eine Ansprache, begrüßt das Publikum euphorisch in einer Mischung aus Twi und Englisch.

»Akwaaba, akwaaba!«, ruft er laut. Willkommen!

»Welcome to our glory's house! Amen!«

In höchster Stimmung läuft er durch die Stuhlreihen und schüttelt Hände. Die Anwesenden klatschen und pfeifen und stampfen mit ihren Füßen auf den Boden.

»I don't want to waste the Lord of God's time, Amen!«, ruft der Apostel, als er auf ein Podest klettert.

»My guest today is a prophet! Hallelujah!«

Er dreht sich nach rechts, wo ein weiterer Mann in gelbem Jackett auf einem Stuhl sitzt.

»Let us welcome prophet Marcus! Hallelujah! Hallelujah! Hallelujah! Amen!«

Der Apostel springt von seinem Podest und macht Platz für den Propheten im gelben Jackett. Die Meute schreit und klatscht und stampft, einige pfeifen laut durch die Zähne. »Hallelujah!«, rufen sie wie im Rausch und kreischen laut, als würde gleich der Auftritt eines Megastars folgen. Alex sitzt neben mir. Im Augenwinkel erkenne ich, wie er ein Taschentuch aus seiner Hosentasche fischt, ein Stück davon abreißt und es sich als Gehörschutz in die Ohrmuschel schiebt.

»Hallelujah!«

Wie ein gelber Kanarienvogel springt der Prophet auf das Podest, reißt das Mikrofon an sich und heizt seine Jünger an.

»We send the holy ghost fire!«, brüllt er.

»Wherever you are, we send the holy ghost fire! We send the holy ghost fire! It does not matter who you are! It does not matter where you come from! But today you are about to worship the Lord!«

Dann macht er eine ausschweifende Geste und alle erheben sich von ihren Stühlen, reißen die Hände in die Luft, bewegen sich zu seinen Worten wie in Trance. Auch Diana, Alex und ich müssen aufstehen. Zaghaft hebe ich meine Hände, fühle mich erneut ziemlich unwohl und weiß nicht, wie ich mich verhalten soll. Diana, die links neben mir steht, sieht auch nicht mehr so locker aus wie noch auf der Tanzfläche. Mit erhobenen Händen schaut sie sich verstohlen zu allen Seiten um. Als auch ich mich umsehe, entdecke ich David. Die Arme noch immer verschränkt, steht er im Schatten einer Mauer und beobachtet das Treiben mit argwöhnischer Mine. Ich frage mich, was er wohl denken mag.

Mein Vater ist gläubiger Christ. Als Kinder nahm er uns oft mit in eine afrikanische Kirchengemeinde, ich glaube das war in Köln-Mülheim. Irgendwann hörte er allerdings damit auf, kehrte der Kirche den Rücken zu und schimpfte: »Alles Betrüger!«

»Worship! Worship! Praise the Lord!«, brüllt der Prophet und rennt durch die Stuhlreihen und die Menschen, die immer mehr in Ekstase geraten. Der Prophet brüllt auf Twi, irgendwann verfällt er in unverständliches Kauderwelsch.

»*Rampapapapapam, rapowpowpowpowpowpaw*!«, brüllt er. Angeregt von der Zungensprache klatschen alle in die Hände. Erst langsam, dann immer heftiger bis ein tosender Applaus entsteht. Der Prophet springt durch die Reihen, heizt die Menge an und bleibt irgendwann genau vor uns stehen, sieht mir tief in die Augen, dann dreht er sich zu Diana.

»In the name of Jesus!«, grölt er, kommt ganz nah auf meine Schwester zu, und ich meine einen Anflug von Lüsternheit in seinem Gesichtsausdruck zu erkennen. Er beugt sich zu Diana vor, nimmt das Mikrofon beiseite und flüstert ihr etwas ins Ohr. Ich verstehe ihn nicht, sehe nur, wie sich die Augen meiner Schwester weiten und sie erschrocken mit dem Kopf zurückweicht.

»This is my father!«, ruft sie und zeigt auf David, der noch immer an der Wand steht. Mit verächtlichem Blick lässt der Prophet von meiner Schwester ab, wendet sich wieder seinen Fans zu.

»Pray, pray, pray, pray!«, schreit er und holt eine mit gelber Flüssigkeit gefüllte Flasche hinter dem Podest hervor. Beim näheren Hinsehen erkenne ich, dass es eine Ölflasche ist. Der Prophet lässt den Deckel aufpoppen und gießt etwas von dem Öl in einer Linie vor sich auf den Boden. Dann hebt er die Flasche wie eine Trophäe in die Luft und ruft etwas auf Twi. Das Orgelspiel setzt erneut ein und dröhnt lauter als zuvor. Die Menge klatscht und kreischt, einige springen zum Propheten nach vorne, werfen Geldscheine vor die Linie aus Öl auf den asphaltierten Grund. Als wolle er sie dafür belohnen, legt der Prophet den Geldgebern die Hand auf die Stirn. Daraufhin lassen die sich wie hypnotisiert auf den Boden fallen oder drehen sich immer schneller werdend und jaulend im Kreis.

Irgendwann springt der Prophet auf unseren Vater zu, brüllt ihn auf Twi an. Mit einer Handbewegung zitiert er David zu sich nach vorne, und ich merke, wie mein Vater damit kämpft, seine Beherrschung nicht zu verlieren. Der Prophet redet auf ihn ein. David antwortet etwas auf Twi. Ich verstehe nichts. Irgendwann lässt der Prophet von ihm ab. David stellt sich wieder an die Wand. Aber nach einer Weile tippt er mir auf die Schulter, fragt, ob wir mit ihm ins Haus gehen wollen. Dankbar kommen wir mit.

»Was wollte der Typ von dir?«, fragt Diana und lässt sich erschöpft in einen Sessel fallen.

»Ich sollte ihm zweihundert Cedis geben, hat der Idiot gesagt!«, ruft unser Vater. »Zweihundert Cedi sollte ich ihm geben, damit er für mich betet. Ansonsten würden die Leute am Flughafen mich bei der Rückreise nicht erkennen, wenn ich meinen Pass vorzeige. So ein Idiot! Das ist der Grund dafür, warum ich nicht in die Kirche gehe! Nur Betrüger! Give me money and I pray for you!«

»Was hat der Kerl dir eigentlich ins Ohr geflüstert?«, frage ich Diana auf der Rückfahrt.

»Der wollte mit mir in ein Hotelzimmer, um mir dort ein Paar Bibelverse zu zeigen«. Diana macht ein angewidertes Gesicht. Wie ekelhaft, denke ich. Igitt, igitt.

Ich habe hohe Achtung vor dem Glauben. Darum geht es schließlich im Leben. Hoffen und Glauben, am besten an das Gute, an die Liebe. Am besten an sich selbst und an seine eigenen Fähigkeiten. Glaub an dich, tanze durchs Leben und schäm dich nicht für dich selbst, auch wenn das schwierig ist. Übe. Wenn du nicht an dich selbst glaubst, wer soll es dann tun? Nein, ich habe nichts gegen den Glauben. Ich habe aber was gegen Menschen, die den Glauben anderer ausnutzen, gar ausbeuten. Raffgierige Prediger, Medienmogule und Superstars. Selbst Buddha soll gesagt haben: »*Glaube nichts, selbst wenn ich es gesagt habe, es sei denn, es stimmt mit deiner Vernunft und dem gesunden Menschenverstand überein*«[8]

Es gibt zu viele heuchlerische Scharlatane an allen Ecken und Enden dieser Welt. Es gibt zu viele Menschen, die nichts anderes haben, als ihren Glauben für den sie bereit wären, ihr letztes Hemd zu geben.

ÜBER GELD SPRICHT MAN NICHT

So eine Reise nach Ghana ist nicht billig. Vor allem, wenn man keine Umwege in Kauf nehmen will. »Das mache ich nicht mehr! Das ist viel zu unbequem!«, rief unser Vater, als wir ihm vorschlugen, mit einem Zwischenstopp in Dubai nach Ghana zu fliegen. Das würde zwar viel länger dauern, die Flugtickets wären allerdings um einiges günstiger. David bestand aber auf dem bequemsten Flug, sechs Stunden hin und sechs Stunden wieder zurück ohne Umsteigen, für insgesamt tausendzweihundert Euro

---

[8] Buddha (560 - 480 v. Chr.), Siddhartha Gautama, Stifter der nach ihm Buddhismus genannten Religion

zuzüglich den horrenden Kosten für Impfungen und Visa. Meine Schwester und ich mussten dafür früh anfangen zu sparen. Mit ein bisschen Disziplin gelang uns das allerdings recht gut, wir waren es nicht anders gewohnt.

Ich habe schon viele schlechtbezahlte Jobs gemacht, um mich über Wasser zu halten. Während meiner Schulzeit und dem ersten Studium verdiente ich mein Geld im Sonnenstudio, im Euroshop oder als Promoterin für Fitnessstudios oder Nachtclubs. Später arbeitete ich als Sichterin für Fernsehproduktionsfirmen und erstellte Schnittlisten für die Redakteure. Meine Aufgabe bestand darin, das gedrehte Rohmaterial anzusehen und auf die Minute genau aufzuschreiben, was sich darin ereignete. Außerdem musste ich Interviews abtippen mit schwangeren Teenagern oder deutschen Auswanderern, die ihr neues Glück im Ausland suchen, weil sie in Deutschland keinen Job mehr finden. Heute arbeite ich als Autorin und Journalistin und verbringe viel Zeit mit Herzensprojekten. Alles für die Kunst.

Bei meiner Schwester ist es ähnlich. Wir laufen lieber auf den Nebenstraßen zum Ziel, streben die höchstmögliche, berufliche Unabhängigkeit und Selbstverwirklichung an und sträuben uns gegen die Monotonie der Vierzigstundenwoche.

Leider sind aus uns keine Ärztinnen oder Anwältinnen geworden, auch wenn sich unser Vater darüber sehr gefreut hätte. Manchmal macht mir das auch ein schlechtes Gewissen, denn meine Gehälter tragen bis heute nicht gerade dazu bei, meinen Eltern finanziell unter die Arme zu greifen.

Ganz unschuldig am Werdegang seiner Töchter ist mein Vater allerdings nicht. David Donkor ist ein Künstler. Er ist Musiker und malt Bilder. Für uns Kinder gab es musikalische Früherziehung anstatt Paragrafen und Naturwissenschaften. Mit der Biologie konnte unser Vater sich ohnehin nicht richtig anfreunden. Wenn sich Leute im Fernsehen küssten oder sich gar eine Sexszene anbahnte, wechselte er nämlich gerne das Programm in Anwesenheit seiner Kinder. »Die kämpfen nur!«, sagte er dann verlegen. Lieber schaute er sich mit uns Wrestlingkämpfe an, und ich verliebte mich früh in Hulk Hogan und den Undertaker. Die glänzenden Muskeln waren damals Sinnbild des maskulinen Selbstbewusstseins. Gewaltig. Sowas durften die Jungs in meiner Schulklasse nie gucken.

Jetzt sind wir auf dem Weg in die Stadt, um Geld zu wechseln, und sitzen in Nana Yaws Bus im Stau fest. Der Smog beißt in der Nase. Auf der Spur rechts neben uns steht ein anderes Tro-Tro, vollgepackt mit Menschen. Eine Frau sitzt auf dem Beifahrersitz, hat ein kleines Baby auf dem Schoß. Kein Kindersitz. Niemand ist angeschnallt. Wir ja auch nicht. Auf der Schiebetür des Nachbarbusses steht: *Behindertentransporter*. Generell fahren hier jede Menge aus Deutschland importierte Wagen herum. Ausrangierte Schrottkarren von Schreinereibetrieben oder Metzgereien. Mit den Autos läuft es genauso ab wie mit den Hühnerfleischresten. Was in Deutschland nicht mehr durch den TÜV kommt, lässt sich in Afrika zu Geld machen, verpestet weiterhin die Luft und fährt noch jahrelang über die Schotterstraßen.

Der Behindertentransporter steht nur einen spaltbreit neben unserem Gefährt, trotzdem schlängeln sich immer wieder Menschen durch die enge Gasse zwischen den Autos hindurch und versuchen etwas zu verkaufen. Gebäck, Wassertütchen, Erdnüsse, Landkarten, Kaugummi. Alles. Wirklich alles. Nana Yaw kurbelt das Fenster herunter und kauft sogar eine Hundeleine bei einem Jungen, an dessen Armen ein Duzend weiterer davon hängen.

Wir fahren weiter. Tausende Menschen, zähfließender Verkehr, schlechte Luft. Im Schneckentempo schieben wir uns durch die überfüllten Straßen und es kommt mir sehr lächerlich vor, wenn ich daran denke, dass ich mich in Köln oft über meine Wege durch die Stadt beschwere. Ein bisschen im Stau stehen oder in der Straßenbahn keinen Sitzplatz mehr bekommen, das ist immer noch weitaus angenehmer als der Verkehr auf den Straßen Accras. Hier weißt du doch nie, ob du es überhaupt pünktlich zur Arbeit schaffst, egal wie früh du dich auf den Weg machst.

Nach einer halben Ewigkeit halten wir an einer belebten Straße vor einer Wechselstube. Ich beschließe, einhundert Euro zu wechseln, das sollte doch ausreichen. Aber David schüttelt nur den Kopf. »Das ist viel zu viel!«, sagt er. Ich solle erstmal klein anfangen, hundert Euro seien eine Menge Geld in Ghana und ich muss ihm vollkommen recht geben. Der aktuelle Wechselkurs besagt, dass viereinhalb ghanaische Cedis ungefähr einen Euro wert sind. Ich erinnere mich an die grünen Kokosnüsse, die wir an unserem ersten Tag aßen und für die unser Vater nicht einmal vier Cedis zahlen musste. Und auch die Teigbällchen, Erdnüsse und Zutaten, die wir bereits auf den Straßen und dem Markt kauften, kosteten umgerechnet nicht mehr als ein paar mickrige Cent. Das Geld in Ghana hat kaum Wert und diese Tatsache schockiert mich. Wenn du hier nicht gerade zur *upper class* gehörst, aber einen normalen Job hast, rund um die Uhr ackerst, wirst du es trotzdem kaum schaffen, so viel Geld zusammenzusparen, um zu verreisen. In der Welt der Abenteurer und Billigflieger aus der ich komme, ist das unvorstellbar.

Unsere Einreise nach Ghana war vergleichsweise einfach. Es wäre weitaus schwieriger, wenn mein Onkel Nana Yaw mich eines Tages in Deutschland besuchen wollte. Er bräuchte eine Einladung von mir, um das Schengen-Visum für Besuchszwecke zu beantragen. Das müsste dann noch vom Konsulat genehmigt werden, und wahrscheinlich müsste ich als Gastgeberin dann noch eine Verpflichtungserklärung aufsetzen, da das Einkommen meines Onkels für europäische Verhältnisse zu gering ausfällt.

Während wir wie selbstverständlich zwischen den Kontinenten hin und her tingeln, können die meisten Afrikaner nicht einfach so nach Europa reisen. *Um Gottes Willen!* Die könnten ja bei uns bleiben wollen, diese *Wirtschaftsflüchtlinge* - nicht zu verwechseln mit den deutschen Auswanderern, denen in Deutschland ganze Fernsehshows gewidmet werden.

WAS DER BAUER NICHT KENNT

Hinter einer großen Kreuzung löst sich der Stau endlich auf. Wir parken auf einem großen Parkplatz, überqueren eine dicht befahrene Straße und steigen die Stufen zu einem orangefarbenen Gebäude hinauf.

»Champion Dishes« steht auf einem Schild über dem Eingang. »Hier ist es gut und sauber«, erklärt David.

Die klirrende Kälte der Klimaanlage erschlägt mich fast, als wir das Restaurant betreten. Dafür ist die Toilette sauber, man kann ganz normal abspülen, und ich schäme mich langsam sehr für mich selbst, weil ich noch immer voller Vorurteile ein Plumpsklo oder gar ein Loch im Boden erwarte, wenn ich an afrikanische Toiletten denke. Ekelhafte Klischeevorstellungen.

Wir setzen uns an einen Tisch im mittleren Stockwerk, der mit einer orangefarbenen Tischdecke bedeckt ist. Über dieser Tischdecke liegt eine weitere, durchsichte Plastiktischdecke, und ich erinnere mich an Josephs Worte darüber, dass viele Afrikaner die Plastikverpackungen an neuen Dingen dranließen. Ein Kellner begrüßt uns, bringt Besteck und legt zusätzliche Platzdeckchen vor uns auf den mit Doppeltischdecke ausgelegten Tisch. Dann verteilt er die Speisekarten, deren Seiten ebenfalls in Plastik laminiert sind.

Es gibt eine große Auswahl an verschiedenen Reisgerichten, aber auch Fufu und ein Gericht namens Banku, ein fester Maisbrei, von dem ich schon viel gehört, aber den ich noch nie gegessen habe.

»Was bestellst du?«, frage ich Alex, der mir schräg gegenüber sitzt und die Karte mit zusammengekniffenen Augen studiert.

»Reis und Hähnchen!«, antwortet er nach einer Weile und klappt die Karte zu.

»Du willst ja wohl nicht immer nur Reis mit Hähnchen essen?«, rufe ich. Was Essen angeht, ist mein Freund empfindlich. Er mag so einige Sachen nicht. Champignons und Fischfrikadellen stehen ganz oben auf seiner Abschussliste. Oder Eierlikörberliner und vor allem alles, was scharf ist. Manchmal ziehe ich ihn gerne damit auf. Verständlicherweise mag er das nicht besonders.

»Ich werde ja wohl selbst entscheiden dürfen, was ich esse!«, faucht er, und ich entgegne: »Du Bauer! Was du nicht kennst, frisst du nicht!«

»Wie wäre es mit Banku?«, schlägt Diana vor.

»Lasst uns das doch alle mal probieren!«

»Also ich bin ganz zufrieden mit meiner Wahl«, sagt Alex und legt die Karte demonstrativ auf den Tisch.

»Was ist Banku genau? Das ist aus Mais, ne?«, frage ich unseren Vater. Aber er hört uns gar nicht zu, weil er sich lautstark mit James und Nana Yaw unterhält.

»Was soll's! Lass uns das mal ausprobieren, Seissa. Wenn Alex seinen Horizont nicht erweitern will, sein Pech!«, sage ich frech.

Als wir unsere Bestellungen beim Kellner aufgeben, ist David überrascht.

»Zuhause esst ihr nie mein Essen und jetzt bestellt ihr sogar Banku!«, sagt er und spielt den Empörten. Aber er schmunzelt. Wahrscheinlich ist er stolz drauf, dass seine Töchter sich so afrikanisch verhalten, denke ich. David selber ist weniger flexibel. Er bestellt Fufu mit Goatsoup, Ziegensuppe. Seine Leibspeise. Genauso wie zu Hause.

Nach einer Weile stellt der Kellner eine Plastikschüssel und einen leicht dampfenden Wasserkocher auf den Tisch. Dann verschwindet er und kommt mit einer Flasche Flüssigseife zurück.

»Händewaschen!«, sagt David, pumpt sich einen Klecks Seife auf die rechte Hand, greift nach dem Wasserkocher und übergießt seine Hand über der Schüssel mit dem warmen Wasser. James tut es ihm nach und reicht mir den Wasserkocher. Als ich jedoch nach dem Seifenspender greife und meine Hand benetze, rufen die Männer wie aus einem Munde: »No!«

»Was ist los!«, rufe ich verdutzt.

»Wir essen nicht mit der linken Hand, Esther!«, sagt mein Vater. »Die linke Hand ist zum Arschabputzen. Wir essen mit der rechten Hand, das weißt du doch! Das ist in Ghana Tradition«

Wenig später kommt das Essen. Die Portionen sind riesig. Unser Banku besteht aus zwei in Plastikfolie gewickelten Klöße und erinnert optisch stark an Knödel aus der Tüte, die es zuhause mit Rotkohl und Rindfleisch gibt. Nur ist hier ein Breiballen dreimal so groß wie ein deutscher Kloß. Die Suppe dazu ist köstlich, das Banku selbst hat einen säuerlichen Geschmack. Anders als Fufu, lässt sich Banku nur schwer schlucken. Als ich es kaue, schmeckt es mir nicht besonders. Auch Diana rümpft die Nase. Alex grinst zufrieden.

»Na, wie schmeckt's?«, fragt er.

»Also mein Reis schmeckt köstlich!«

Ich schaffe nicht mal die Hälfe eines meiner Klöße, so mächtig ist das Gericht. Nachdem James und David ihre Fufuschüsseln bis auf den letzten Schluck Soße geleert haben, nehmen sie sich unsere Bankuportionen vor und verputzen sie auch noch. Alex braucht ewig für seine Reisportion mit Hühnchen. Der Schweiß steht ihm auf der Stirn, als er aufgibt.

»Ich kann einfach nicht mehr, die Portionen hier erschlagen mich«, stöhnt er erschöpft. Den Rest seines Reises schaffen die beiden Männer allerdings auch nicht mehr. Ich habe ein schlechtes Gewissen, dass wir nicht aufessen, und muss an den dummen Spruch denken, den man in Deutschland so oft zu hören bekommt, wenn man seinen Teller nicht leer isst. »Denk an die armen Kinder in Afrika«, heißt es bei uns ja immer wieder. Jetzt bin ich in Afrika, in einem sauberen Restaurant mit Klimaanlage, um mich herum sitzen Männer in Anzügen und Frauen in schicken Kleidern gemeinsam mit ihren wohlgenährten Kindern. Alle scheinen satt und zufrieden. Zum Glück lässt Nana Yaw alle Reste für seinen Hund Markus einpacken.

Als unser Vater für uns alle bezahlt, erhasche ich einen Blick auf die Rechnung und bin erstaunt. Das Essen ist spottbillig. David muss fünfundsiebzig Cedis zahlen. Das sind unter zwanzig Euro. Eine Portion kostet ihn fünfzehn Cedis. Er gibt dem Kellner ein großzügiges Trinkgeld.

DU MUSST HANDELN

Ich bin Gründerin von KrauseLocke. Das ist eine Marke für krause Köpfe und krause Gedanken. Zusammen mit meiner Mutter habe ich vor ein paar Jahren außerdem die Krausemützen erfunden. Handgemacht. Mit Satin gefüttert. Perfekt für krause Haare und Locken. Erhältlich auf <u>www.KrauseLocke.de</u>. Ende der Schleichwerbung.

Um unseren Krausemützen neuen Pepp zu verleihen, will ich die Gelegenheit nutzen und echten, ghanaischen Stoff kaufen. Darum fahren wir zum Art Center, einen großen Kunstmarkt in Accra, bei dem wir mit Sicherheit jede Menge Stoff zum Verzieren finden werden, sagt unser Vater. Und tatsächlich. Orange, gelb, blau, rot, grün. Schon von weitem sehe ich die farbenfroh leuchtenden Warenauslagen des Marktes.

»Passt auf eure Taschen auf!«, ermahnt uns David als wir aussteigen. Dann geht es auch schon los. Kaum sind wir aus dem Wagen geklettert, sprechen uns auch schon die ersten Händler an und bieten ihre Waren feil, wollen uns zu ihren Verkaufsständen lotsen. Ich bin völlig überfordert.

Wenn ich in Köln auf den Flohmarkt gehe, bin meist ich es, die den Verkäufer ansprechen und nach den Preisen fragen muss. Die deutschen Flohmarkthändler sitzen dann oft eher unbeteiligt mit gelangweilter Miene hinter ihren Tischen, manche lesen, andere gähnen, und dann komme ich und störe: »Ehm…Entschuldigung. Wie viel kostet diese Kette?«

»Drei Euro!«

»Ah okay. Danke«

Dann gehe ich weiter, weil mir drei Euro definitiv zu teuer sind für einen Anhänger an einem spröden Lederband. Runterhandeln? Dafür bin ich nicht der Typ.

Hier in Accra ist es völlig anders. Je tiefer wir uns ins Marktgetümmel begeben, desto mehr Verkäufer locken wir an. Sie kommen von allen Seiten. Bummeln, gar stehenbleiben und nur ein bisschen gucken, erweist sich als äußerst schwierig. Stehenbleiben bedeutet kaufen. Stehenbleiben bedeutet handeln. Und wir müssen handeln.

»Die machen ihre Preise für Ausländer fünf Mal höher!«, sagt James. Und auch unser Vater mahnt: »Das ist doch alles viel zu teuer! Die betrügen euch!«

Ja, leicht gesagt, denke ich mir. Mein Vater ist ein Profi, wenn es ums Feilschen geht. Wenn er sich zum Beispiel ein Auto kaufen will, hört er zunächst stumm und nickend zu, während der private Händler seinen Wagen über den grünen Klee lobt, und stellt sich begriffsstutzig an, wenn dieser die Motorhaube öffnet. Dann kommt es in der Regel zur Probefahrt. Wenn Vater und Händler anschließend wieder aus dem Wagen steigen, ist der Fahrer grün vor Ärger und mein Vater hat ein breites Grinsen im Gesicht, da er während der Fahrt Klartext sprechen, den Händler auf sämtliche Mängel seines Wagens hinweisen und den Preis somit mächtig nach unten drücken konnte. Ich habe mir das von David nie abgeguckt, weil mir das Handeln unangenehm ist. Ich bin nicht so gewitzt. Außerdem gehört immer auch eine gewisse Dreistigkeit dazu, die ich einfach nicht an den Tag lege.

Jetzt stehe ich vor einem Stapel fein säuberlich gefalteter Stoffbahnen und der Schweiß läuft mir an den Schläfen herab. Während ich mir die passenden Farben raussuche, redet die Verkäuferin vom Nachbarstand bereits auf mich ein. Ich solle unbedingt auch bei ihr einkaufen, ihre Stoffe seien ohnehin viel schöner. Als es ans Bezahlen geht, klopft mein Herz bis zum Hals.

»How much is it, please?«, frage ich.

»Fourty!«, sagt die Verkäuferin und in meinem Kopf rattert es. Vierzig Cedis, das sind umgerechnet nicht mal neun Euro. Unter neun Euro für eine mehrere Meter lange, leuchtende Stoffbahn, die in Deutschland wohl das Vierfache kosten würde. Da kann ich doch nicht runterhandeln! Die arme Frau! Das geht doch nicht! Also ziehe ich vierzig Cedis aus meinem Portmonee und zahle, dankbar lächelnd. Als ich zurück zu den Männern komme, schnalzt David nur verächtlich mit der Zunge.

»Vierzig?«, ruft er. »Das ist viel zu teuer! Ich habe das hier für dreißig gekauft!«. David hebt eine weiße Plastiktüte in die Höhe, darin befinden sich gleich zwei dicke Stoffrollen. Prima!

Wir gehen weiter und schauen uns um. Ich entdecke wunderschöne Taschen, Schmuck, Instrumente. Männer sitzen auf dem Boden und schnitzen Figuren aus dunklem Ebenholz, und ich verliebe mich in eine Schnitzerei, die aussieht, wie der Umriss Afrikas. Zur liebevollen Krönung sind darauf alle afrikanischen Länder eingeritzt und der Sockel ist ein praktischer Stifthalter. Das muss ich haben! Also gehe ich zum Verkäufer und frage ihn nach dem Preis.

»Eighty Cedis«, sagt er und meine Knie werden weich. Achtzig Cedis sind knapp achtzehn Euro. In Deutschland würde dieses Kunsthandwerk locker für achtzig Euro über den Tisch gehen. Es ist handgemacht, wahrscheinlich steckt wochenlange Arbeit darin. Außerdem sieht der Junge nett aus, hat ehrliche Augen. Er tut mir leid. Alle Verkäufer hier tun mir leid. Ich werde nervös, aber mein Vater steht unmittelbar neben mir und ich will ihm beweisen, dass ich auch zum Handeln fähig bin. Also sage ich kleinlaut:

»Let's say seventy!«

Der Junge lächelt. Dann hebt er mein Angebot auf fünfundsiebzig an und ich nicke. Ja, klar. Lass uns das endlich beenden, denke ich, zahle und bin stolz auf mich. Zumindest ein bisschen habe ich gefeilscht. Tochter meines Vaters. Als Künstler hat man es ja leider überall auf der Welt schwer, denke ich, um mein schlechtes Gewissen zu unterdrücken.

-

Gestern erzählte Joseph, dass die Bedeutung von Jamaika »seems you can't go back« sei. Dort wären die Sklaven hingegangen, die von Amerika nicht zurück nach Afrika konnten. Und eigentlich hieß es

»Jamaiaka«, aber das konnten die Weißen angeblich nicht ausspre-
chen. Wer weiß, ob das stimmt. Joseph erklärte auch, dass viele Chi-
nesen hierher kommen und Fake-Smartphones und Billig Flip Flops
verkaufen. Und sie bauen Minen, wegen des Goldes in Ghana. In
den tiefen Schächten seien schon viele ghanaische Minenarbeiter
umgekommen.

HARD TIMES

Am Abend lernen wir Angela kennen, die Schwester von Joseph
und Josephine und älteste Tochter von Akos. Angela arbeitet in
Accra in einem Geschäft, das Fensterglas und Fensterläden verkauft, darum ist sie nur an den Sonntagen und spät nach Feierabend zuhause. Eigentlich ist Angela Businessstudentin und arbeitet, um sich etwas Geld dazuzuverdienen. Wenn sie eines Tages
mit ihrem Studium fertig ist, will sie ihr eigenes Business starten.
Das erzählt sie uns, als wir auf dem großen, hufeisenförmigen
Sofa im Wohnzimmer sitzen und uns ein bisschen unterhalten.

»I already work on my businessplan«, erzählt Angela stolz. Ihre Geschäftsidee besteht im Export von echtem, ghanaischen
Kakao. Genauso wie ihr Bruder bemängelt auch Angela, dass zu
viele Rohstoffe in ihr Land importiert werden, obwohl Ghana im
Grunde selbst über eigene Ressourcen verfügt. Außerdem regt sie
sich wahnsinnig darüber auf, dass der Cedi kaum von Wert ist
und macht die neue Regierung des Landes dafür verantwortlich.

»When we had the old government one cedi was like one US-
Dollar!«, schimpft sie. Unter der vorherigen Regierungen hätte es
überdies *free education* gegeben, erzählt Angela. Eltern mussten
nicht dafür bezahlen, dass ihre Kinder die Schule besuchen. Aber
die neue Regierung habe das schnurstracks wieder abgeschafft,
kümmere sich nur um ihr eigenes Wohlergehen. Erst in zwei
Jahren soll es neue Wahlen geben, und Angela will die alte Partei

zurückwählen, in der Hoffnung, dass es dann wieder bergauf geht.

Wir sprechen auch über die Zeit der Sklaverei, und Angela fragt uns, ob wir auf unserer Ghanareise das *Cape Coast Castle* besuchen wollen, ein altes Fort an der ghanaischen Goldküste, das vor vielen hundert Jahren als Gefängnis für Afrikaner diente, die als Sklaven nach Amerika verkauft wurden. Angela erzählt von den »Weißen«, die damals mit ihren Schiffen kamen, um in Ghana nach Gold zu suchen. Diese Gelegenheit nutzten sie gleich, um tausende Afrikaner gefangen zu nehmen und zu versklaven.

»We call these times: hard times«, erklärt Angela. »And that is why many Ghanaians didn't use to like whites. These hard times where in their hearts for ages«

Aber heute sei Ghana ein freies Land, sagt sie. Moslems und Christen leben friedlich miteinander. *Peacefully.*

»We don't discriminate against other people. I love people«, sagt Angela und erzählt, dass sie immer versucht, freundlich und nett zu ihren Mitmenschen zu sein, getreu dem Motto: Liebe deinen Nächsten wie dich selbst. Man wisse ja nie, ob man später von seinem Nachbarn nicht auch mal Hilfe benötigt.

YAA

»So, what is your Ghanaian name?«, fragt Angela, und ich freue mich, weil ich die Antwort weiß. Ich heiße nämlich Esther Anne Yaa Donkor. Esther ist der Vorname, den mir meine Eltern gaben. Anne heißt meine deutsche Patentante, und weil ich an einem Donnerstag geboren wurde, nennt man mich in Ghana Yaa. Mein Vater entstammt den *Ashanti*, das ist einer der größten Stämme Ghanas und dort ist es Tradition, den Kindern zu ihrem regulären Vornamen auch den Namen des Wochentags ihrer Geburt zu geben.

Wochentag	Männlicher Name	Weiblicher Name
Montag	*Kojo*	*Adjoa*
Dienstag	*Kwabena*	*Abena*
Mittwoch	*Kwaku*	*Akua*
Donnerstag	*Yaw*	*Yaa*
Freitag	*Kofi*	*Afua*
Samstag	*Kwame*	*Ama*
Sonntag	*Kwesi*	*Akosua*

»My Ghanaian name is Akua«, sagt Diana, weil sie an einem Mittwoch geboren wurde. Alex heißt »Yaw«, denn er erblickte an einem Donnerstag das Licht der Welt. Allerdings unterscheiden sich die Wochentagnamen bei Männern und Frauen und so kommt es, dass ich Donnerstagsfrau stolz antworte: »And my name is Yaa!«

»Oh, like Yaa Asantewaa!«, ruft Angela erfreut. Leider weiß ich jetzt nicht mehr, von wem oder was sie spricht. Angela lächelt verschmitzt und sagt in geheimnisvollem Tonfall: »So, then I will tell you the story of the golden stool of the Ashanti and queen Nana Yaa Asantewaa the first who became the commander of the Ashanti army in the war against British rule!«

Verschwörerisch beugt Angela sich zu uns nach vorne und wir hängen gebannt an ihren Lippen, als sie beginnt, die Geschichte zu erzählen: »We Asante, we have a golden chair. A spiritual golden stool. It was not manufactured. It was conjured from the sky by Shaman Okomfo Anotchi. This golden stool unites all the Ashanti Kingdom«

»Der goldene Stuhl der Ashanti ist heilig und niemand darf ihn aus deren Besitz entfernen, sonst wird allen Aschanti großes Unglück widerfahren«, dies sprach einst der Schamane Anotchi, engster Berater des ersten Ashantikönigs Osei Tutu. Zuvor flehte Anotchi den allmächtigen Gott Nyame um ein heiliges Zeichen an und bat um den Segen für Tutus Thronbesteigung. Nyame ließ daraufhin den Stuhl aus purem Gold vom Himmel herabfallen, direkt vor Anotchis Füße.

Etliche Jahre später, gegen Ende des neunzehnten Jahrhunderts, fielen die Briten ins heutige Ghana ein. Damals herrschte der Aschantikönig Prempeh I. und sandte eine Delegation nach London, die mit den Briten einen Freundschaftspakt verhandeln sollte. Doch die Kolonialherren gingen nicht darauf ein und überfielen die Ashanti, brannten ihre heimischen Dörfer nieder und verschleppten den König und viele weitere Ashanti nach Freetown und auf die Seychellen. Unter den Verschleppten befand sich auch der Junge Ejisuhene, ebenfalls Mitglied einer königlichen Riege der Ashanti. Seine Großmutter war Yaa Asantewaa.

Um den Widerstand der Ashanti endgültig zu brechen, forderten die Briten die Herausgabe des goldenen Stuhls. Doch die Ashanti waren gewitzt. Kurzerhand fertigten sie eine Attrappe des Heiligtums an und übergaben diese den Kolonialführern. Erst in Großbritannien fiel der Schwindel auf und die Briten kehrten erzürnt an die Goldküste zurück. In der Stadt Kumasi lies der Kolonialführer Frederick Hodgeson alle Stammesoberhäupter der Ashanti zusammenkommen und rief: »Why did you make not use of my commandment to bring me the golden chair to sit upon? I am the representative of the greatest power. You must be aware that although the golden chair is still in your custody her majesty's government will rule over you and my troops will search for it until they find it!«

Die übriggebliebenen, männlichen Stammesoberhäupter gaben sich daraufhin ratlos. Sie standen kurz davor, sich zu ergeben. Es war die Frau Yaa Asantewaa, die sich erhob und rief: »Who are you? Foolish man! You cannot conceive of what you are asking for! The golden stool is our soul. Do your worst but you will never take it!«[9]

---

[9] YouTube: »Yaa Asantewaa and the Golden Stool prt 1 (new 30min documentary)«

Dann wandte sie sich an die Männer ihres Stammes: »Men of Ashanti, are you really going to allow this man to take our king's treasures? Do we know where he is taking it? We don't even know where they have taken our king! They take all our men and now they want the soul of our nation. We can never agree to this. We must fight!«

Aufgestachelt durch Yaa Asantewaas emotionale Rede gegen die herrschende Ungerechtigkeit, rauften sich die Ashanti zusammen und setzen sich gegen die Briten zur Wehr. Sie belagerten sie im Fort von Kumasi und führten einen unerbittlichen Kampf, der erst nach etlichen Monaten gebrochen werden konnte.

Auch Yaa Asantewaa wurde letztendlich gefangengenommen und auf die Seychellen verschleppt. Doch noch heute gilt sie bei den Ashanti als große Freiheitskämpferin.

–

Die Menschen sind wichtig, nicht die Machthaber.
Meine besten Freunde sind Engländer. Seit Kindergartenzeiten. Außerdem haben wir einen Cousin in London. Ernest, der Sohn einer Schwester meines Vaters und einer der wenigen Kontakte, die ich zu seiner Familie habe. Diana und ich besuchten ihn dort und lernten gleichzeitig einen neuen Onkel kennen. Osei Yaw. Wir lebten in seinem Haus mit seiner Frau und seinen Kindern. Und abends holte Ernest uns in seinem geleasten Sportwagen ab und cruiste mit uns durch die Straßen der Stadt. Zu Afrobeats. HipHop. Blackmusic. Ein Abstecher zum Barbershop, einer zur Milkshake-Bar.
»What do you want to eat«
»Pizza. And you?«
»Eh! Pizza? I don't eat this. I eat Fufu«
Fufu machen in seiner Wohnung, keine Möbel. Nur eine Matratze. Ein Fernseher. DVDs. »Disappearing Acts« und »Brown Sugar« mit der Schauspielerin Sanaa Lathan. Earl Grey und Bofrot zum Früh-

*stück. Afrohaarprodukte im Drogeriemarkt. Höflichkeit. What can I
do for you, my dear?*

*Auch die Deutschen hatten Kolonien und begingen grausame Völ-
kermorde in Afrika. Und Immanuel Kant, der große Philosoph der
Aufklärung, sprach: »Die Neger von Afrika haben von der Natur
kein Gefühl, welches über das Läppische stiege [...] Die Schwarzen
sind sehr eitel, aber auf Negerart und so plauderhaft, daß sie mit
Prügeln auseinander gejagt werden müssen«[10]*

KERSTIN

Wir sind nicht die ersten Besucher aus Deutschland in diesem
Haus. Angela erzählt von Kerstin aus Frankfurt, die vor zwei Monaten bei ihnen unterkam und ganz erstaunt war vom Leben hier
in Ghana.

Kerstin hätte zuvor nur Klischees im Kopf gehabt und glaubte allen Ernstes, dass Afrikaner Wilde seien, die wie Tiere auf
Bäumen lebten und sich von Menschenfleisch ernährten. Das
hätte Angela wahnsinnig traurig gemacht, und sie war zutiefst
gekränkt darüber, mit einem Tier verglichen zu werden. »Do
Germans really think about us like that?«, fragt sie, und ich weiß
nicht, was ich antworten soll, weil ich daran denken muss, wie es
manchmal in Deutschland zugeht.

Ich muss an Nazidemos und rechte Gewalttaten denken und
daran, dass sich mein Bundesland Nordrhein-Westfalen als Spit-
zenreiter in Sachen rechter Gewalttaten entpuppt hat. Ich muss
daran denken, wie wir Flüchtlinge willkommen heißen, an bren-
nende Asylbewerberheime, Mobbing, Hass. Ja, da ist oft zu viel
Hass in meinem Heimatland, in dem uns doch eigentlich alle
Möglichkeiten offenstehen, wenn wir uns nur ein wenig bemü-

---

[10] Kant, Immanuel: Bestimmung des Begriffs einer Menschenrasse

hen. Es ist ein gemütlicher, sozialer Kokon, in dem ich aufwuchs. Nichts im Vergleich zu den Umständen, mit denen sich die Menschen meiner Generation in diesem afrikanischen Land rumplagen müssen.

Zum Glück wechselt Angela das Thema und erzählt, dass Kerstin sich jeden Morgen mindestens zwei Stunden weinend in ihr Zimmer einsperrte.

»Maybe because she did not find what she wanted«, vermutet Joseph.

In Deutschland lebe Kerstin ganz allein. Ohne Mann. Ohne Kinder. Kaum Freunde. Kaum Familie. Sie sei nach Ghana gekommen, um hier einen Mann zu finden. Doch die kulturellen Unterschiede ließen ihre Depressionen nicht versickern.

Da ist es wieder, eines dieser Phänomene der Welt, aus der ich komme. Vor allem in überfüllten Städten kannst du ganz schnell ganz alleine sein. Singlehaushalte und Bindungsangst. Depressionen und Einsamkeit.

–

Schon Mittwoch. Halb sieben. Draußen krähen Hähne. Der Kühlschrank surrt. Dumpfe Afrobeatbässe ertönen von irgendwoher. Motoren knattern, ab und zu Hupen, Stimmen, Stühlerücken. Das Leben.

Seit Tagen kein Fernsehen, keine News, einfach sein. Gestern hat uns der Apostel aber Internetkarten fürs Handy gegeben. Ich verfluche mein Smartphone und Facebook! War gerade kurz online und könnte kotzen. Nur Schwachsinn. Mit Werbemails zugebombter Posteingang. Und dafür wartet jetzt zuhause eine dicke fette Roaming-Rechnung auf mich. Dann saßen wir abends am Tisch und haben gequatscht und ich hab zeitweise nicht zugehört und auf das blöde Handy gestarrt. Alex meinte: »Dann wissen wir ja, was zu tun ist. Internet aus und gut ist«

DISZIPLIN

Josephine will uns ihre Schule zeigen, also machen wir uns auf den Weg über die unasphaltierten Straßen der Nachbarschaft bis zum lila angestrichenen Schulgebäude der *Ebenezer School.*

»Obroni!«, rufen ein paar Kinder, als wir den Schulhof betreten. Josephine stellt uns ein Mädchen vor, das im Schuloffice arbeitet. Sie heißt Patricia, ist vielleicht Ende zwanzig und begrüßt uns herzlich.

»Hello! Welcome! Akwaaba!«, sagt sie und wir bedanken uns auf Twi: »Meh-dase!«

»Yaa-anua!«, sagt Patricia dann und sieht uns erwartungsvoll an. Wie so oft, verstehen wir nur Bahnhof. Anders als Akos oder Feli lacht Patricia jedoch nicht, sondern erklärt in disziplinarischem Tonfall:

»*Enew-yah!* This is the right response to Akwaaba!«

Aye, aye Sir, denke ich und fühle mich für einen Moment wie ein Schulmädchen, das seine Hausaufgaben nicht gemacht hat.

»Learning, learning! Next time, we speak Twi perfectly!«, sagt Diana zuversichtlich. Patricia wendet sich an Josephine und die beiden unterhalten sich auf Twi, schauen ein paar Mal zu uns herüber und ich bemerke schnell, dass wir Thema des Gespräches sind. Da wir nichts verstehen, bleiben wir lächelnd auf der Bank sitzen, auf die man uns platziert hat, und schauen uns um.

Buchstaben und Zahlen sind liebevoll auf die bunten Wände gemalt. Außerdem entdecke ich die Nationalhymne an einer Tafel in der Mitte des Hofes.

God bless our homeland Ghana
And make our nation great and strong,
Bold to defend forever
The cause of Freedom and of Right;
Fill our hearts with true humility,

Make us cherish fearless honesty,
And help us to resist oppressors' rule
With all our will and might for evermore.
Hail to thy name, O Ghana,
To thee we make our solemn vow:
Steadfast to build together
A nation strong in Unity;
With our gifts of mind and strength of arm,
Whether night or day, in the midst of storm,
In ev'ry need, whate'er the call may be,
To serve thee, Ghana, now and evermore.
Raise high the flag of Ghana
And one with Africa advance;
Black star of hope and honour
To all who thirst for liberty;
Where the banner of Ghana freely flies,
May the way to freedom truly lie;
Arise, arise, O sons of Ghanaland,
And under God march on for evermore![11]

Irgendwann drehen Patricia und Josephine sich zu uns um und übersetzen ihr Gespräch ins Englische. Wir müssen Twi lernen, sagen sie. Wenn jemand merkt, dass wir der Sprache nicht mächtig sind, dann könne schnell schlecht über uns gesprochen werden – direkt vor unserer Nase und wir verstünden kein Wort. »But if you speak Twi you can tell them in their face that you understand!«

Sie haben ja Recht, denke ich mir. Ich sollte Twi lernen. Aber mir fehlt es an Disziplin und an einem geduldigen Lehrer. Ich

---

[11] »*God Bless Our Homeland Ghana* ist der aktuelle Text, der bei der Unabhängigkeit im Jahr 1957 von Philip Gbeho komponierten Nationalhymne von Ghana. Gbehos Text *Lift high the flag of Ghana usw.* wurde nach dem Militärputsch von 1966 ersetzt. Der aktuelle Text wurde von dem Studenten Michael Kwame Gbordzoe im Rahmen eines nationalen Wettbewerbs verfasst« (Wikipedia, 13.10.2015)

wünschte, ich hätte das schon hinter mir wie die Führerschein-prüfung oder das Fahrradfahren.

Patricia schlägt vor, uns die Schule zu zeigen, in der insge-samt elf Klassen untergebracht sind. Also laufen wir ein bisschen herum, schauen in Klassenräume und in große Kinderaugen, und Patricia drängt uns dazu, Fotos und Videos zu machen. Allerdings komme ich mir dabei ziemlich blöd vor, schließlich sind wir in einer Schule und nicht im Zoo. Wir reden auch mit Lehrern und lernen sogar die Direktorin kennen, die meinen Freund scherz-haft dazu einlädt, mit ihr in die Stadt Kumasi zu reisen und ihm die ganze Konversation auf Twi beibringt. Alle sind nett und freundlich zu uns. Erst später sollen wir erfahren, dass in ghanai-schen Schulen auch ganz andere Seiten aufgezogen werden.

Ich war noch nie gut in Mathe. Die Schuld schiebe ich Graf Zahl in die Schuhe, den gruseligen Vampir, der in der Sesamstra-ße fürs Zählen verantwortlich ist. Wer hat sich den bitte ausge-dacht? Pädagogisch wertvoll war der Blutsauger für mich als Kind zumindest nicht. Vor lauter Angst habe ich immer angefangen zu heulen, wenn der lilablasse Untote mit den spitzen Zähnen und der unheimlichen Musik auf der Mattscheibe erschien. Meine Eltern mussten dann immer schnell das Programm wechseln, und ich verband Zahlen schon früh mit etwas Fürchterlichem. Später in der Grundschule nutzte ich den Matheunterricht lieber dazu, mit meinem besten Kumpel Jonas herumzualbern und mit ihm kleine Zettel hin und her zu schreiben. Das alles sehr zum Miss-fallen meiner Mathelehrerin. Zur Strafe setzte sie uns beide an einen kleinen Tisch ganz vorne in den Raum, förmlich auf den Präsentierteller vor die gesamte Klasse. Das trug nicht unbedingt zur Steigerung meines mathematischen Interesses bei. Eine Lehre war es Jonas und mir allemal.

Später besuchte ich dann die Gesamtschule, wo plötzlich niemand mehr zum Herumalbern da war. In Mathe war ich zwar immer noch eine Niete, dafür lagen mir Deutsch und Englisch ganz gut. Das nahmen mir meine Mitschüler ziemlich übel und ich wurde nicht nur als *Negerin*, *Kackaschwein* oder *Fettarschanti-*

lope beleidigt, sondern auch als *Streberin, Lehrerliebling* und *Schleimer.* Zum Glück hatte ich eine richtig gute Lehrerin, Frau Hecht. Sie brachte mir nicht nur die Schönheit der deutschen und französischen Sprache und Literatur bei, sondern inspirierte mich sehr dazu, selbst noch mehr zu schreiben, zu lesen und zu recherchieren. Ja, ich würde sogar sagen, Frau Hecht glaubte an mich und, dass jemand an dich glaubt, ist gerade in der Jugend ganz wichtig. Auch wenn das Leben in der Schule oft nicht einfach für mich war, möchte ich nicht missen, dass es Frau Hecht gab. Noch heute bin ich ihr sehr dankbar für all das, was sie mir beibrachte.

Die Kids hier in Ghana scheinen ganz andere Probleme zu haben. Mobbing unter Mitschülern ist, glaube ich, gar nicht so das Thema. Es sind eher die Lehrer, vor denen man sich fürchten sollte, wenn man im Unterricht nicht aufpasst oder von einem Anflug jugendlicher Rebellion ereilt wird. Mit einem einfachen Sitzplatzwechsel ist es da nicht getan. Die Zwillinge Joseph und Josephine erzählen von Schlägen, die sie teilweise in der Schule einstecken müssen. Von ihren Lehrern wohlbemerkt, nicht von ihren Mitschülern. Die zarte Josephine erzählt uns, dass sie zuletzt vor ein paar Wochen von ihrem Lehrer geschlagen wurde: »with a cane on my neck«

»And I had to do this!«, sagt Joseph und beugt sich nach vorne, stützt sich jeweils auf einer Hand und einem Bein auf und streckt die anderen Gliedmaßen hoch in die Luft. Das Ganze sieht aus, wie bei einer anspruchsvollen Yogaübung für Fortgeschrittene. So musste Joseph verharren, sagt er. So lange, wie es sein Lehrer wollte. Und sein Lehrer wollte lange. Einen halben Schultag lang. Das mit den Schlägen höre erst auf, wenn man die Schule verließe, sagt Angela, und als ich frage, warum geschlagen wird, antwortet Joseph: »It's normal. Beating is discipline!«

Das Schlagen dient der Disziplin.

Ich frage mich, was nur aus einem Menschen wird, der eine solche Züchtigung von Kindesbeinen an erleiden muss. Gewalt und Macht und Angst und Frust und Hass. Auf der anderen Seite, im über sechstausend Kilometer weit entfernten Deutschland, tanzen die Schüler den Lehrern auf der Nase herum. Ich erzähle Angela von der Kriminalität und der Jugendgewalt in meinem Heimatland, von Eltern, die die Kontrolle über ihre Kinder verlieren, von Mobbing und Überforderung und Gewalt und Macht und Angst und Frust. Dabei ist Lernen so wichtig. Bildung so existentiell.

BEYONCÉ

»Meine Haut ist braun, mein Haar ist kraus. Wo ich auch hinkam, immer sah ich anders aus« [12]

Es gibt so Tage, meist grau und nass, da *hasse* ich mich, wenn ich morgens in den Spiegel gucke. Brille, Pickel und dann diese Haare. Ja, an solchen Tagen sind die Haare ein großes Problem. An solchen Tagen will ich mich verkriechen und in der Masse untergehen. Die unbändige Mähne zieht aber viele Blicke auf sich. Schon immer.

Es war weniger der Fischschwanz, als die langen, wallenden Haare, die *Arielle, die Meerjungfrau* zum Idol meiner Kindheit machten. Jeden Abend vorm Schlafengehen betete ich: »Lieber Gott, bitte mach, dass ich morgen so glatte, lange Haare habe, wie *Arielle*!«

Um die Wunscherfüllung voranzutreiben, wickelte ich mir Tücher oder Strumpfhosen um den Kopf. Leider nutzte das rein gar nichts und meine Haare waren am nächsten Morgen noch genauso kraus wie am Abend zuvor.

In der Pubertät wurde *Arielle* dann von Aliyah, Lil Kim und Beyoncé abgelöst. Liebeskummertrösterinnen, Hoffnungsspenderinnen, *Attitude*-Vorbilder aus den Medien. Vor allem Beyoncé, was habe ich sie vergöttert. *A black woman* mit einer großartigen

---

[12] Joy Denalane, »Vier Frauen« aus dem Album »Mamani« (2002)

Stimme, einem noch großartigeren Körper und dann diese Haare. Lang, glatt, blond. Ein Traum. *Everybody loves Beyoncé* und ich wollte so sein wie sie, rebellierte so lange, bis meine Mutter mir widerwillig ein Paket *Relaxer* im Afroshop kaufte. Ein Relaxer ist ein scharfes, chemisches Glättungsmittel und wirkt ähnlich wie eine Dauerwelle mit umgekehrter Wirkung. Man sollte sich einen Relaxer nur vom Profi auftragen lassen. Da die meisten herkömmlichen Frisöre mit meinem Haartypen allerdings nicht zurechtkamen und mich regelmäßig kopfschüttelnd wieder nach Hause schickten, überredete ich meine Mama dazu, mir das Zeug eigenmächtig auf die bereits blondierten Haare aufzutragen, voller Hoffnung darauf, dass das krause Elend bald ein Ende haben würde. Nach der hausgemachten Entkräuselungsprozedur waren meine Haare dann aber alles andere als glatt. Ich sah wirklich aus wie eine Vogelscheuche mit trockenem Stroh auf dem Kopf und hatte kleine Wunden am Haaransatz, weil sich die ätzende Lösung in meine empfindliche Kopfhaut gefressen hatte.

Meiner Mutter gebe ich keinesfalls die Schuld an dem Desaster. Mein andauerndes Jammern und Klagen über mein Anderssein und meine furchtbaren Haare müssen ihr sehr leidgetan haben. Außerdem war das Internet damals noch nicht haushaltsüblich, und Informationen über den richtigen Umgang mit Afrohaaren gab es kaum. Ich erinnere mich an schmerzhaftes Haarekämmen, Zöpfeflechten, verfilzte Haarknoten und aus Verzweiflung meiner Eltern entstandene Kurzhaarfrisuren, die mich zu Beginn der Pubertät aussehen ließen wie ein Junge (eine Katastrophe, wenn man gerade anfängt, sich eben für solche zu interessieren).

Erst später, als ein piepsendes Modem den Vormarsch ins heimische Wohnzimmer meiner Eltern gefunden hatte, begann ich, mich im Internet mit der richtigen Pflege meiner Krauselocken auseinanderzusetzen. Außerdem lernte ich Barbara kennen, die mein afrokrauses Schicksal teilte. Außer meiner Schwester Diana kannte ich lange kaum andere *afrodeutsche* Gleichaltrige. Gemeinsam mit Barbara gründete ich dann *KrauseLocke* – eine

Webseite mit Tipps für den Umgang mit unserem Haar und unserer afrodeutschen Identität.

Seither habe ich viele Faustregeln gelernt, um meine Haare in Form zu bringen. Locken nur nass kämmen zum Beispiel oder regelmäßige Haarkuren mit natürlichen Inhaltsstoffen.

Um meine Krauselocken optimal zu stylen, greife ich auf ein breitgefächertes Angebot an Haarpflegeprodukten, Bürsten und Kämmen zurück. Leider war einfach zu wenig Platz in meinem Koffer, um all die Cremes und *Conditioner* einzupacken, die ich normalerweise in meine Haare schmiere. Folglich muss ich in Ghana ein minimalistisches Programm fahren, und mir wird einmal mehr deutlich, in welchem Luxus ich in Deutschland lebe (auch wenn ich zuhause fast alle Afrohaarprodukte im Internet bestellen oder in Afroshops zwischen Kochbananen und Gewürzen kaufen muss, da in herkömmlichen Geschäften nicht an uns Krauselocken gedacht wird).

Die meisten Frauen hier in Ghana haben kurze Haare. Haarprodukte sind rar, teuer und von beschissener Qualität, deren Inhaltstoffe alles nur noch schlimmer machen. Außerdem gibt es gar nicht so viel fließendes Wasser, um ausgiebig unter der Dusche zu stehen und die Locken einweichen zu lassen. Wenn es keine vernünftigen Bewässerungssysteme gibt, hat man wahrscheinlich andere Sorgen, als die um die optimale Haarpflege. Daran sollte ich denken, wenn ich mal wieder damit anfange, meine krause Optik zu einem Problem zu machen.

Das feuchtwarme ghanaische Klima tat meinen Haaren in den letzten Tagen sehr gut. Heute ist allerdings ein *Bad Hair Day*, meine Haare sind trocken und zerzaust und ich beschließe, mir *Twists* zu machen (eine Frisur, bei der einzelne Haarsträhnen zu dünnen Zöpfen zusammengedreht werden). Ich setze mich morgens nach dem Haarewaschen auf die Veranda und frisiere mich. Schnell ziehe ich die Aufmerksamkeit von Josephine, Feli und Akos auf mich, die bald alle um mich herumstehen und mir beim twisten meiner Haare helfen.

»Oh your hair is beautiful. My hair is so ugly!«, sagt Josephine und ihre Worte versetzen mir einen Stich ins Herz. Habe ich nicht selber vor einigen Jahren noch so von mir selbst gesprochen? Energisch sage ich ihr, dass das, was sie da sagt, nicht stimmt. Aber sie lächelt nur gequält. Der Komplex sitzt zu tief. Das kenne ich.

Alex tritt auf die Veranda.

»Look at his hair! It is beautiful! It feels so soft!«, ruft Feli und greift meinem Freund beherzt in die blonde Mähne, ohne ihn vorher danach zu fragen, ob er etwas dagegen hat. Ich muss schmunzeln. Die meisten Krauselocken (mich eingeschlossen) regen sich mächtig darüber auf, wenn ihnen die Menschen ungefragt in die Haare fassen. Das kommt in Deutschland nämlich nicht selten vor, und du fühlst dich schnell wie ein Tier im Streichelzoo, wenn dir eine wildfremde Person aus heiterem Himmel auf dem Kopf herumwuschelt. Doch auch Krauselocken sind neugierig. Alex nimmt das Phänomen des ungefragten Anfassens allerdings locker.

»I relaxed my hair two days ago and still it looks messy! Look at your nice hair!«, ruft Feli und fährt sich über die kinnlangen, chemisch geglätteten Haare. Dabei macht sie ein enttäuschtes Gesicht und erzählt, dass sie sich ihre Haare gerne blondieren würde, genauso wie Beyoncé. Innerlich platzt mir die Hutschnur vor lauter Ärger über die falschen Schönheitsideale, denen wir Frauen uns unterjochen. Sei es in Deutschland oder in Ghana, wir sind doch nie zufrieden mit uns selbst. Ist das nicht schade?

»Feli, you are beautiful. But you are who you think you are! You have to think positive about yourself«

Meine buddhistisch angehauchten Kalenderblattweisheiten dringen nicht wirklich zu Feli durch.

»My skin is too dark and my hair is a mess«, sagt sie, und ich bin zu traurig, um noch etwas hinzuzufügen.

»Don't worship it! It is an idol!«, rief mir der kleine Kelvin vor ein paar Tagen zu, vor lauter Entsetzen über meine Schutzengelkette. Klar, ich finde die Kette schön und in gewissen Momenten des Aberglaubens denke ich sogar, dass sie mir Kraft gibt. Ich würde mich da aber niemals reinsteigern und mich von der Kette abhängig machen. Auch Beyoncés Musik und ihre Attitüde mag vielen Menschen dabei helfen, sich besser zu fühlen. Aber sein wollen wie sie? Sich so stark mit jemand anderem vergleichen, dass es wehtut? Das ist lächerlich. Das weiß ich doch! Und trotzdem hasse ich mich manchmal, wenn ich in den Spiegel gucke.

Ach, wenn die Welt doch wüsste, dass Beyoncé unter ihrer blonden Perücke eine starke und talentierte Krauselocke ist, die es als Schwarze Frau (in unserer vorherrschenden Gesellschaft der ersten Welt) mit krauser Mähne vielleicht gar nicht an die Spitze der Charts geschafft hätte.

–

Akos meinte, Diana und ich haben »Big African Butts« Das ist ein Kompliment. Wir versuchen stolzer zu gehen. Aufrecht. Brust raus, Po raus, wie eine afrikanische Frau. Stolz und selbstbewusst und nicht so geduckt und buckelig, wie in Deutschland. Seit ich in Ghana bin, habe ich keine Rückenschmerzen mehr. Außerdem fällt mir auf, dass es in Deutschland oft heißt, ich rede zu laut. »Psst! Schrei doch nicht so!«, zischen Alex oder Mama mir oft zu, wenn ich ihnen etwas erzähle. Vor allem in der Straßenbahn soll bestenfalls vollkommene Stille herrschen. In Ghana merke ich, dass meine Stimme gar nicht so laut ist, Deutschland ist vergleichsweise nur ziemlich leise. Hier reden alle laut und schallend und auch ich kann laut und schallend sprechen, meiner Stimme Freiraum geben.

FREIHEIT UND GERECHTIGKEIT

Alle Mann in Nana Yaws Tro-Tro, endlich machen wir den lang-versprochenen Ausflug ans Meer und schlängeln uns durch den ghanaischen Straßenverkehr.

Mir schießen so viele Gedanken durch den Kopf. Zusammenhanglose Erinnerungen. Vielleicht bin ich high vom Smog der Stadt, von der Reizüberflutung der Straßen. Warum denke ich sonst an mein erstes Nasenbluten? Das hatte ich kurz nachdem ich zum ersten Mal das Meer sah, damals als Kind in Holland mit meiner Mutter, meiner Schwester und meinen Großeltern. Ich erinnere mich an die graublauen, weiten Wogen der Nordsee, an Möwenkrähen, Sand zwischen meinen Zehen und an das Gefühl von absoluter Freiheit und Vorfreude auf das Leben, das vor mir lag. Auf dem Rückweg vom Strand bohrte ich gedankenverloren in der Nase, bis meine Mutter aus Versehen gegen meinen Ellenbogen stieß und mein Zeigefinger ein bisschen zu tief ins Nasenloch rutschte. Freiheit und Schmerz.

Mein zweites Nasenbluten hatte ich einige Jahre später. Diana und ich spielten damals oft im Kindertreff in der Alten Feuerwache in Köln. Dort legte ich mich mit einem viel älteren und stärkeren Mädchen an, das meine kleine Schwester bedroht hatte. Als Konsequenz meiner Aufmüpfigkeit lauerte mir die Ältere später auf, um mir eine gut platzierte Faust mitten ins Gesicht zu verpassen. Aber das war's mir wert. Niemand droht meiner kleinen Schwester und kommt ungeschoren davon. Niemand droht Schwächeren, wenn ich daneben stehe. Gerechtigkeit und Schmerz.

Ich weiß wirklich nicht, warum ich gerade jetzt an all das denken muss. An die Kindheit, ans Meer, ans Nasenbluten, an Freiheit, Schmerz und Gerechtigkeit. Vielleicht, weil wir am *Black Star Square* und am *Independence Arch* vorbeifahren und David erzählt, dass er hier vor vielen Jahren die Flitterwochen mit meiner Mutter verbrachte. Irgendwo in einem Hotel am Strand in der Nähe dieser geschichtsträchtigen Stätten. Ghana war der erste Staat Afrikas, der im Jahr 1957 die Unabhängigkeit von den Kolonialmächten feierte. Präsident Kwame Nkrumah ließ zur Feier der neu erworbenen Freiheit den riesigen Black Star Square als Versammlungsplatz bauen. Der Independece Arch ist der Triumphbogen Ghanas, den ein riesiger, in alle Himmelsrichtungen ausgerichteter Stern ziert. Dieser Stern dient als Symbol der Freiheit für das ghanaische Volk, das hatte Angela uns erzählt. Außerdem prangt der Black Star in der gelben Mitte der ghanaischen Flagge. Das Gelb auf der Flagge steht für die reichhaltigen Mineralien des Landes, erklärte Angela. Dazu gehören unter anderem das Gold und der Kakao. Die grüne Farbe der Flagge steht für die satte Natur Ghanas und der rote Bereich ganz oben repräsentiert das Blut, das im Kampf um Freiheit und Gerechtigkeit vergossen wurde.

VERBIEGEN FÜR DIE KNETE

Ich war noch nie mit meinem Vater am Meer. Abgesehen von ein paar Besuchen bei Verwandten in Trier oder Saarbrücken, war ich auch noch nie mit meinem Vater im Urlaub. Umso mehr freut es mich, dass wir jetzt am Labadi Beach entlang spazieren, über uns der trübe Himmel, neben uns die tosenden Wellen des grauen Atlantischen Ozeans, vorbei an Palmen und an Land gespültem Müll. David ärgert sich. Früher war alles schöner. »Jetzt ist es hier viel zu dreckig!«, schimpft er. Aber für mich ist es perfekt. Reiter auf knochigen Pferden traben am Ufer an uns vorbei, Händler versuchen ihre Waren zu verkaufen. Schmuck, Schnitzereien, selbstgemalte Bilder von traumhaften Landschaften. Und ich denk mir immer wieder: Kneif mich! Das kann doch alles nicht wahr sein. Ich bin am Strand in Afrika.

Wir setzen uns an eine Strandbar. Die Männer bestellen *Guinness*, wir trinken Cola und schauen uns um. Am Ufer entdecken wir ein paar Kinder, die akrobatische Kunststücke vorführen. Wie Schlangenmenschen verbiegen sie ihre drahtigen, dünnen Körper, klettern aufeinander herum und wickeln ihre Gliedmaßen zu kleinen Paketen zusammen. Ein junger Mann, vielleicht Anfang zwanzig, treibt die Jungs an und ruft immer wieder laut und fordernd ins Publikum: »Watch!«. Wahrscheinlich will er sichergehen, dass die Leute auch wirklich zugucken. Nach der Vorführung geht der Trupp von Tisch zu Tisch. Der junge Mann hat einen Hut in der Hand und fordert eine Bezahlung von jedem, der sich die Vorführung angesehen hat.

»Eigentlich ist das ja Kinderarbeit«, bemerkt Alex und klingt ein wenig entsetzt. Aber unser Vater lacht nur und erklärt, dass das hier völlig normal sei. »Guck, die Eltern haben keine Arbeit und die Kinder verdienen das Geld für die Eltern. Weil die sich auch schämen und so was auch nicht können. Und den Kindern macht es Spaß. Früher war es anders. Die Menschen hatten Arbeit in Ghana und die Kinder haben höchstens gejobbt. Zeitungen ausgetragen oder so ähnlich. Aber heute…«, unser Vater schnalzt verächtlich mit der Zunge. »Heute macht die Regierung nichts, um den Menschen zu helfen!«
Mir wird wehmütig ums Herz und ich merke, dass mein Helfersyndrom anklopft. Aber ich schlucke es herunter, schmeiße dem Jungen ein paar Cedis in den Hut.

LION PAW

Mein Vater war mal Reggae-Musiker und lernte meine Mutter in Trier kennen, ich glaube sogar auf einem seiner Konzerte. Später spielte er meiner Schwester und mir oft Schallplatten vor, von *Bob Marley and the Wailers* oder *Peter Tosh* und wir Kinder tanzten dazu im Wohnzimmer. Und wenn wir keine Lust mehr auf Reggae oder Highlife hatten, tänzelten wir einfach in die Küche zu Mama. Da gab's feinsten Soul und Funk von *Jamiroquai, The*

Crusaders oder *Mariah Carey*. Folglich wurden Diana und ich mit einem vorzüglichen Musikgeschmack ausgestattet – ohne überheblich klingen zu wollen. Außerdem sind meine Eltern Künstler. Irgendwie. Mein Vater malt Bilder. Bilder von Afrika. Hütten, Bäume, Palmen, Menschen, das Meer. Bilder, die sich damals in den Achtzigerjahren ziemlich gut auf deutschen Flohmärkten verkaufen ließen. Vor allem, wenn meine Mutter die passenden Mützen dazu häkelte, in Rastafari-Farben: grün, gelb und rot. Die Leute standen auf sowas. Aber Zeiten ändern sich. Ändern dich. Die Realitäten des Lebens führten dazu, dass unsere Familie vom Bilder- und Mützenverkauf alleine nicht über die Runden kam. Trotzdem war mir schon früh klar, dass ich später einmal Künstlerin werden wollte. Oder Erfinderin. Oder Schauspielerin. Oder Sängerin. Oder Schriftstellerin. Heute bin ich irgendwas dazwischen, mache alles und nichts, kann mich oft nicht entscheiden, weil das Leben in Deutschland so viele Möglichkeiten bereithält. Nur das Singen habe ich an den Nagel gehängt. Anwältin oder Ärztin bin ich nicht geworden, obwohl sich das mein Vater sehr gewünscht hätte. »In diesem Land kannst du alles schaffen!«, sagte er immer. »Mach deine Schule, dein Studium, alles!«
Alles. *Ja, alles...*
»Everythin' in the name of Yah! Rastafari!«
Ein Mann mit dicken, langen Dreadlocks und einer Gitarre steht plötzlich vor unserem Tisch. Sein Name sei Frankteike Jones, sagt er und er würde gerne etwas Musik für uns spielen. Na klar, warum nicht. Wir willigen ein und Frankteike legt los, gibt uns ein Privatkonzert hier am Labadi Beach von Accra. Er spielt und singt einen Bob Marley-Hit nach dem anderen. *Mama Afrika. One Love. Jammin. Redemotion Song*, das Erlösungslied. *Mach dich frei von der Sklaverei deines Geistes. Nur du selbst bist dazu fähig.*

Die anderen klatschen und singen mit, während Frankteike ein Gitarrensolo spielt, mit geschlossenen Augen und voller Inbrunst. Ich blicke an ihm vorbei aufs Meer hinaus. Rührselig und voller Dankbarkeit. Mitten im Moment und nirgendwo anders mit einem dicken Kloß im Hals, den ich mir nicht erklären will.

David bedauert, dass hier am Beach nicht mehr so viel los ist, wie damals in seiner Jugend. Der Strand soll sauber gewesen sein, voller Menschen und Musik. Künstler hatten es gut, denn es gab viel Publikum, viele Käufer, viele Möglichkeiten. Nach dem Konzert bittet auch Frankteike um eine kleine Spende. Mein Vater hält scherzhaft einen roten Schein in die Höhe. Ein Cedi.

»I have this!«, sagt er grinsend und der Sänger lacht.

»This one is too small!« , ruft er. Die Männer lachen laut. Wir zücken unsere Portmonees und zahlen reichlich.

»Lion Paw!«, ruft der Sänger und verabschiedet sich bei mir per Handschlag, hakt seine Finger in meine.

»I will miss you!«, sagt er. *I will miss you, too*, denke ich.

I will miss absolutely everything.

VERKEHR

Onkel Nana Yaw ist immer schick gekleidet. Er trägt stets Hemd und Hose oder Gewänder in dezenten Farben. Als wir vom Strand zurück zum Bus kommen, hat dieser einen platten Reifen. Einfach so. Und trotz seiner feinen Kleidung macht Nana Yaw sich schmutzig und wechselt den Reifen im Handumdrehen. Das komme oft vor, erklärt er. Hier in Ghana gibt es keine *gelben Engel* und auch keinen *Technischen Überwachungsverein*. Here we use our hands…

Auf der Rückfahrt passiert dann das, was irgendwann passieren musste: Wir bauen einen Unfall. Die Straßen sind so wild befahren, eng an eng, dicht an dicht, da streift unser Wagen einen anderen Bus. Lautes Hupen. David, Nana Yaw und James steigen aus. Oh nee, jetzt muss die Polizei kommen, denke ich. Das vordere Blinklicht des anderen Wagens ist rausgesprungen, hängt an Kabeln herunter. Aber nix da. Die Männer liefern sich ein lautes

Wortgefecht. Mit einem Handgriff drückt unser Vater das Licht wieder in seine Fassung und weiter geht die Fahrt. In Deutschland wäre das alles ganz anders abgelaufen.

Ich erinnere mich noch gut daran, wie ich einmal beim Einparken einen Smart angestupst habe. Minimal. Wirklich eine ganz leichte Berührung. Und trotzdem: Die Besitzerin des Miniautos arbeitete zufällig in dem Sonnenstudio, vor dem ich parken wollte, und kam wie eine Furie aus dem Laden geschossen. »Sag mal, spinnst *du*! Wann hast *du* denn deinen Führerschein gemacht!«, rief sie rasend vor Wut und schmetterte mir eine Beleidigung nach der anderen entgegen. Dabei duzte sie mich unverschämterweise, stufte mich so sehr herab, dass ich die Polizei rufen musste. Es folgte teurer Ärger mit meiner Versicherung. Dabei war nicht mal ein Kratzer am Wagen der Alten. Die Deutschen und ihre Autos, denke ich, als wir in der Dämmerung weiterfahren durch den Chaosverkehr Accras mit den tiefen Gräben am Straßenrand. Die Deutschen und ihre Autos. Und wenn die Autos nichts mehr taugen, schiffen wir sie nach Afrika.

–

Welcher Tag ist heute? Ich glaube, der Smog und das Insektenspray machen mich wirklich vergesslich. Wie lange die Kinder hier an einem Schokoriegel essen, lutschen, genießen. Bei uns hingegen ist der mit zwei, vielleicht drei Bissen weg und ein neuer wird in den Mund geschoben. Nebenbei. Beim Fernsehen, Lesen, Autofahren…

Weil wir kein Trinkwasser mehr hatten, sind wir abends zur Marina Mall gefahren. Das ist ein riesiges, prunkvolles Einkaufszentrum. Mit Hochglanzfußboden und Modegeschäften und Supermärkten. Und gegenüber steht ein grünes Flugzeug. Und David meinte, er wäre schon drei- oder viermal mit genau diesem Flugzeug geflogen. In den Neunzigerjahren. Es sei eine alte Ghana Airways Maschine. Die Fluggesellschaft gibt es heute nicht mehr. Sie hätten nur dieses eine Flugzeug gehabt, die Maschine wurde zu einem Restaurant umgebaut.

Schade, dass man nicht einfach am Wochenende nach Ghana kann.

Ein paar ältere Jungs spielen draußen Fußball. Barfuß oder in Flipflops auf dem beigefarbenen Schotterboden. Nur ein Junge namens Kwame träg lila Fußballschuhe. Ich sitze auf einem Hocker vorm Haus und schaue ihnen zu. Gegenüber steht eine Ruine. Ein unfertiges, graues Haus. Prunkvoll mit hohen Säulen. Und doch eine graue Ruine. Jemand hat seine Wäsche drinnen an einer Leine hängen.

Josephs linker Flipflop reißt kaputt. Er spielt barfuß weiter. Der kleine, schmutzige Ball, mit dem sie spielen, erscheint mir so wertvoll. Und in Deutschland so unbedeutend, im Überfluss da. Diana hat erzählt, dass hier gestern ein Mann langlief, begleitet von einer Schar lachender Leute. Der Mann ging ganz vorsichtig über den staubigen, unebenen Boden, weil er neue Schuhe anhatte und nicht wollte, dass sie schmutzig werden.

Spazierengehen. Die Frau mit dem Ziegenbärtchen will uns wieder eine Ananas schenken. Aber wir geben ihr zehn Cedis dafür. Schlechtes Gewissen. Wir hätten doch Stifte mitbringen sollen, Papier und Bücher. Nicht so viele Süßigkeiten. Die Kleinen malen gerne.

HAUSTIERFLEISCH

»So, you are hungry. What can I cook for you today?«, fragt Akos.

»Oh, thank you. We eat whatever you cook for us.«
Wir haben ein schlechtes Gewissen angesichts ihrer Gastfreundschaft. Andererseits weigern sich die Frauen strikt, dass wir ihnen in der Küche zur Hand gehen. Wir seien ihre Gäste, sagen sie. Da hätten wir in der Küche nichts verloren.

»Alles außer *Fiihiisch*« säuselt Alex.

»Nooo, no fish«, lacht Akos.

»What about *Indomie*?«, fragt sie dann und ich stutze.

In-do-mie? Seit meiner Ankunft hier habe ich bisweilen Schwierigkeiten, den doch stark durch Twi geprägten, englischen Akzent zu verstehen.

»Meint sie etwa *Indoor-Meat*? Haustierfleisch?«, frage ich meine Schwester, aber die hat es auch nicht verstanden. David hatte uns gewarnt vor dem afrikanischen Essen. Bushmeat und alles von der Straße sollten wir vermeiden wegen der Krankheiten, die dadurch übertragen werden können. Angesichts der panischen Ebola-Schlagzeilen in Europa und der Tatsache, dass ich nicht gerade scharf darauf bin, Fledermausflügel oder Hamsterbacken zu verspeisen, werde ich nervös.

»Indoor-Meat?«, frage ich Akos vorsichtshalber.

»Yes, In-do-mie«, sagt sie, und Alex schüttelt energisch den Kopf.

»Oh no, sorry, we don't eat this. Sorry!«, sagen wir, wie aus einem Munde. Akos schnalzt mit der Zunge und schaut uns argwöhnisch an.

»Eh!«

Dann verschwindet sie in der Küche, und ich habe die leise Befürchtung, dass wir sie mit unserer Ablehnung richtig gekränkt haben. Wenig später kommt Akos mit einer raschelnden Tüte wieder und legt sie vor uns auf den Tisch.

»But your father told me, that you like Spaghetti! I can cook for you real good African Spaghetti!«, sagt sie und grinst. Schnell werfen wir einen Blick auf das Tütchen und mir fällt ein Stein vom Herzen: *Indomie – Instant Noodles* steht auf der rot und gelb leuchtenden Verpackung. Akos wollte uns kein Haustierfleisch zubereiten, sondern Pasta.

SCHNECKENHAUS

»Ich hole euch morgen früh um zehn ab, ich muss nur vorher ein paar Dinge besorgen«. Das sagte David gestern, als er uns nach dem Strandausflug vor Akos' Haus absetzte. Jetzt bricht die Dämmerung über Taifa herein, doch keine Spur von Nana Yaws Bus, auf den wir schon den ganzen Tag warten. Um uns die Wartezeit zu vertreiben, wollten Diana, Alex und ich heute Vormittag ein bisschen spazieren gehen und die Gegend auf eigene Faust erkunden. Aber das ließen die Bewohner des Hauses nicht zu und Joseph begleitete uns. Auch wenn ich die Gastfreundschaft von Akos, Feli und den anderen sehr schätze, sehne ich mich doch nach Rückzug und Privatsphäre. Wir sind hier nie allein. Immer ist jemand da. Das bin ich nicht gewohnt und merke, wie viel Zeit ich in Deutschland doch in Isolation verbringe. Zeit zum Nachdenken und Reflektieren, Zeit für sich selbst, die gibt es hier kaum. Selbst beim Spazierengehen stehen die Obronis unter Beobachtung eines Sechzehnjährigen.

In einem Anflug von Rebellion gegen die Verbote unseres Vaters kauften wir Bofrot von ein paar Jungs, die das Gebäck am Straßenrand anboten. Fliegen krabbelten auf den Teigballen herum, die in der Sonne lagen und darauf warteten, frisch frittiert und verkauft zu werden. Trotzdem liefen wir Gefahr, Durchfall zu bekommen, kauften gleich zehn Bofrot und zahlten den Jungs umgerechnet nur einen Euro fünfundzwanzig dafür.

Den restlichen Tag verbrachten wir im Hof und spielten mit den Kindern, aßen köstliche afrikanische Pasta und hielten immer wieder Ausschau nach Nana Yaws Tro-Tro. Aber es kam nicht.

»Our father said he will pick us up at ten. Now it is almost ten. In the evening...«, scherzt meine Schwester am Abend. Ich will mich in unser Zimmer zurückziehen, um ein wenig zu lesen, doch mit einem Mal ist es stockfinster im Haus. Stromausfall. Na toll. Ich gehe also wieder nach draußen. Aus dem Hof ertönen lautes Stimmengewirr und Musik. Auf der Straße vor dem Tor parkt der weiße Sportwagen, in dem uns der Junge namens Gabriel in der Nacht unserer Ankunft vom Flughafen abgeholt hatte. Die Scheinwerfer seines Autos erhellen die Straße, außerdem hat er die Musik laut aufgedreht, eine Schar Menschen stehen um den Wagen herum, lachen, tanzen, quatschen, feiern eine Party auf offener Straße.

»Ey, das ist so cool! Die haben keinen Strom und machen Party und feiern einfach und wir sitzen in Deutschland in unserer Bude und meckern, dass wir keinen Strom haben!« Alex Stimme überschlägt sich vor Begeisterung. Ich setze mich zu ihm und meiner Schwester auf einen der Plastikstühle, die jemand vor das Tor auf die Straße gestellt hat, und beobachte das lebhafte Treiben, kann nicht anders, als zum Rhythmus der Musik zu nicken und mich von der guten Laune der Menschen anstecken zu lassen. Ich entdecke Feli und die Frau mit dem Ziegenbärtchen am Kinn. Außerdem ist da eine Frau, die öfter vorbeikommt, um ihre Wäsche im Hof zu waschen und deren stolze, selbstbewusste Ausstrahlung mich jedes Mal umhaut. Jetzt steht sie vor dem Wagen und tanzt wahnsinnig gut, genießt die Blicke der anderen.

»Echt krass!«, murmelt meine Schwester. »In Deutschland sind wir alle so isoliert und anonym und hocken meistens alleine zuhause. Wir sitzen in unseren Wohnzimmern vor den Bildschirmen, alle getrennt voneinander. Und hier herrscht einfach so ein Gemeinschaftsgefühl«

Auch wenn ich mich heute Morgen noch darüber geärgert habe, dass wir nie allein sind, muss ich Diana doch Recht geben. Wenn zuhause der Strom ausfällt, hocke ich alleine im Dunkeln und hoffe, dass mein Handy zumindest noch über genug Akkulaufzeit verfügt, um im Notfall mit der Außenwelt zu kommunizieren.

Alex lacht und ruft: »Aber stell dir mal vor, wie komisch das aussähe, wenn wir in Deutschland bei Stromausfall auf die Straße gehen und da Party machen würden! Die Leute würden die Polizei rufen!«

»Teach me! Teach me your language!«, Josephine drückt mir eine Flasche Malzbier in die Hand und stößt mit mir an.

»What do you want to know?«, frage ich und sie überlegt.

»Alright!«, sagt sie dann und grinst.

»Alright? You mean alright! Alright means alles klar!«

»Alles klar! Alles *klaaar*!«

»Estha! Diana! Alles! Dance!« Feli fordert uns zum Tanzen auf und klatscht rhythmisch in die Hände.

»I am not a good dancer!«, rufe ich unsicher, aber die anderen treiben mich an. »Go, Estha! Go, Estha!«

Meine Knie zittern. Aber nicht mehr ganz so stark, wie vor ein paar Tagen in der Kirche bei Apostel Boakye. Warum habe ich nur so große Angst davor, mich zu blamieren? Ist das typisch deutsch? Ich weiß es nicht. Eigentlich fühle ich mich doch wohl. Warum stelle ich mich nur so an und will mich so oft in mein Schneckenhaus verkriechen? Alle um mich herum tanzen. Singen.

»I'm looking for my Johnny, eh! Where is my Johnny? Johnny mooo!«[13]

Aber ich bleibe sitzen.

»I am free you know?«

Ein Mann gesellt sich zu mir, sein Name ist Rafael und er erzählt, dass das Leben in Ghana freier sei als anderswo in der Welt. »You don't need to rush. I am never in a hurry. I am living my simple life, but I am happy. I am free you know?«

Noch bevor ich etwas entgegnen kann, biegt ein dunkler Jeep in die Straße ein und hält vor unserer Straßenparty.

»Guten Abend! Sind hier Kölner?«, ruft der Fahrer auf Deutsch aus dem heruntergekurbelten Fenster. Neugierig gehen wir zu seinem Wagen. Der Fahrer, ein kräftiger junger Mann, sagt, er heiße Orbit und käme aus Hamburg. Es hätte sich im Viertel herumgesprochen, dass wir aus Köln hier seien, und da wollte er einfach mal *Hallo* sagen.

Wir unterhalten uns ein wenig mit ihm und er erzählt, dass er eigentlich nur zwei Monate in Ghana bleiben wollte, seinen Aufenthalt aber jetzt schon um zehn Monate verlängert hat.

---

13 Yemi Alade: »Johnny« (2014)

»Ich bleibe hier, weil hier kannst du auch mit wenig Geld leben«, sagt er lachend. »Es gibt zwar auch *Arschlöcher* hier, ganz klar. Aber wenn du aufpasst und dich anpasst, dann kannst du hier gut leben. Ich hatte eigentlich ein Ticket, das war zwei Monate gültig. Aber weißt du, man hat diese Freiheiten nicht in Deutschland. Weil in Deutschland habe ich das Gefühl, da bricht alles über einen ein. Vor allem diese Briefe immer! Ihr seid ja noch jung. Aber nach ner Zeit kriegste jeden Tag Briefe! Ich habe keinen Bock mehr darauf! Ich hab über dreißig Jahre lang da gelebt, aber jetzt reicht es mir!«

Irgendwann am Abend taucht dann endlich unser Vater auf. Er sieht müde aus. »Seid ihr sauer?«, fragt er. »Der Verkehr, es ging heute nicht schneller« Aber wir sind nicht wütend. Nicht mehr. Auch dieser Tag war voller unvergesslicher Ereignisse.

»Übermorgen fahren wir nach Kumasi!«, sagt unser Vater und mein Herz klopft schneller. In Kumasi lebt unsere Oma. Wir haben sie noch nie kennengelernt. Ich liege noch lange wach und denke daran, wie es wohl sein wird, sie zu treffen - solange, bis irgendwann das Licht wieder angeht und der Deckenventilator surrt.

–

Ich habe mit Mama telefoniert. Opa wird heute operiert. Die Hausbewohner hier sagen: »We have to pray for him!«

Na gut. Lieber Gott, ey. Bitte mach, dass alles gut geht. Es ist noch nicht soweit, ja? Amen.

Und dann der Streit mit Alex. Ich habe ihm von meinen Unsicherheiten erzählt, vom steifen Tanzen und der Angst vor meiner mangelnden Attitüde. Er meinte, ich solle mich nicht so anstellen, mich locker machen und endlich aufhören, mich mit anderen zu vergleichen. Ich sei zu negativ eingestellt, würde zu viel nachdenken und auch nicht so viel lachen wie die anderen ghanaischen Frauen hier.

Da wurde ich wütend: »Halt mal schön den Ball flach! Schließ-
lich bist du der Obroni, der von allen geliebt wird. Kinder laufen dir
hinterher. Frauen umschwärmen dich und wollen mit dir verreisen.
Mein Vater fragt dich immer als erstes nach deinem Befinden. Du
wirst überall freundlich und neugierig empfangen und wenn du
wieder zurück nach Hause fliegst, dann bist du dort wieder voll und
ganz in deiner Kultur und Identität verankert. Klar, dass du da so
locker sein kannst. Aber meine Schwester und ich? Überall nur fünf-
zig Prozent - in Deutschland und in Ghana. Dort Schwarz, hier
Weiß, aber im Grunde nichts von beidem. Nie genug. Das ist sau-
hart, manchmal. Da ist man doch automatisch unsicher, hat nie ne
feste Identität. Ich bin keine vor Stolz und Selbstbewusstsein strot-
zende Ghanaerin. Aber ne typisch deutsche Frau bin ich auch nicht.
Keine richtige Obroni. Oder doch? Ich weiß es nicht! Richtig anma-
ßend von dir, so über mich zu urteilen!«

Alex hat mich nur angeguckt und gesagt: »In Deutschland werde
ich doch auch nicht beachtet. Da bin ich nur der unsichtbare Alex,
gehe in der Masse unter wie alle anderen auch. Ich weiß doch nicht,
wie das ist, wenn man immer anders ist. Und hier ist das Anderssein
echt schön, du hast Recht. Es tut mir schrecklich leid, dass du dich so
fühlst. Es tut mir schrecklich leid, dass Andere in Deutschland oft
schlechter behandelt werden«

Ich sagte nichts, denke nur: »Vielleicht ist da was Wahres dran«

BRO

Ich lebe nicht erst seit gestern auf dieser Erde. Das wird mir vor
allem dann klar, wenn ich daran zurückdenke, dass ich in einer
Welt ohne Handys aufwuchs, dass das Internet noch durch ein
laut piepsendes Modem betrieben wurde und wir in unserer Familie nur einen relativ langsamen Computer hatten, der im
Wohnzimmer stand, direkt neben dem Fernsehapparat. Mein

Vater hatte somit freie Sicht auf beide Bildschirme, wenn er auf dem Sofa saß. Darum ging ich nur spät abends online, wenn das Wohnzimmer frei war. Dann surfte ich im Netz und chattete mit meinen Freunden via *ICQ* und *MSN-Messenger*, lernte nicht nur meinen Freund kennen, sondern auch meinen Kumpel Emmanuel.

Emmanuel kommt aus Berlin. Auch sein Vater stammt aus Ghana, seine Mutter ist Deutsche und wir entdeckten viele Gemeinsamkeiten, nannten uns nach einer Weile Bro und Sis und trafen uns auch mal in Berlin zusammen mit meiner Schwester. Und wie es der Zufall so will, wenn es überhaupt Zufälle gibt, befindet mein Bro sich gerade in Ghana. Da liegt es auf der Hand, dass wir uns treffen.

Am Nachmittag holen wir ihn ab. Er kommt in einem vollgepackten Tro-Tro an einer Kreuzung vorm Kristo Asafo-Haus in Taifa an und nicht nur Diana und ich freuen uns riesig, ihn hier zu sehen. Auch Feli und Josephine sind angetan von dem großgewachsenen jungen Mann mit den langen Afrohaaren und sie empfangen ihn herzlich im Haus. Wir setzen uns ins Wohnzimmer und unterhalten uns. Emmanuel erzählt, dass er hier in Ghana bei der österreichischen Botschaft arbeitet und vorhat, noch mindestens ein Jahr hierzubleiben. Im Moment bewohnt er ein eigenes Apartment in Dzorwulu, einem anderen Stadtteil von Accra. Stromausfälle stünden dort wie hier auf der Tagesordnung und seien ein großes Problem, erzählt er uns. »Das mit dem Strom läuft etwa so: Montags gibt's keinen Strom von morgens bis abends. Dienstagabend kein Strom bis Mittwochmorgen. Mittwoch dann mal Strom, *yeah!* Donnerstag wieder kein Strom von morgens bis abends. Freitagabend kein Strom bis zum Morgen. Samstag wieder Strom und immer so weiter«

Auch die Wasserversorgung habe sich seit seiner Ankunft in Ghana vor ein paar Monaten sehr verschlechtert. Fließendes Wasser sei in etwa von Freitagabend bis Sonntagmorgen da und mit etwas Glück sporadisch unter der Woche. Mit Scham über meine selbstverständliche, westliche Dekadenz, denke ich an meinen ersten Schock darüber, dass aus dem Wasserhahn nur kaltes Wasser floss. Wenn du nicht einmal weißt, ob überhaupt Wasser aus der Leitung kommt, ist eine warme Dusche weit entfernter Luxus.

Neben regelmäßig fließendem Wasser und Strom vermisse Emmanuel nur seine Familie und Freunde in Deutschland und ein besseres, öffentliches Verkehrsmittelsystem. »Auf Dauer ist es echt anstrengend, dass man hier immer so schlecht irgendwo hinkommt«, sagt er. »Es dauert einfach alles so lange wegen der Staus und der generellen Langsamkeit aufgrund der miesen Straßenbausituationen. Und es ist fast unmöglich, mal mehrere Sachen an einem Tag zu schaffen. Nach der Arbeit noch Einkaufen und ins Fitnessstudio gehen, ist hier echt schon eine große Herausforderung. Das kann man nur bewältigen, wenn man Abstriche macht. Und auch Laufen fällt als Alternative oft weg«

Während Emmanuel spricht, muss ich an unseren Vater denken. Auch heute wollte er wieder nur ein paar Besorgungen machen, Baumaterialien für sein Haus kaufen. Aber der Verkehr auf den Straßen Accras und vermutlich auch die ghanaische Lebensweise, vieles langsamer und gelassener anzugehen, als wir es in Deutschland gewohnt sind, machten ihm erneut einen Strich durch die Rechnung. David schaffte es wieder nicht, uns abzuholen, um mit uns einen Ausflug zu machen.

»Lasst mich erstmal das Haus fertig bauen, dann nehme ich euch mit nach Ghana. Dann kann ich mich um euch kümmern« Jahr für Jahr hatte David uns genau das gesagt, als wir ihn dazu drängten, uns endlich nach Ghana mitzunehmen. So langsam kann ich ihn doch ein wenig verstehen.

Emmanuel erzählt auch davon, dass er anfangs bei seinen Verwandten in Ghana unterkam. Diese ließen ihn nie aus den Augen, nicht einmal alleine einkaufen gehen konnte er, ohne dass ihn ein Cousin oder ein Onkel begleitete. Die Ghanaer machten sich zu viele Sorgen um den Obroni aus Deutschland. Eine Parallele, die auch wir ziehen können.

»Ich werde hier auch als Weißer, als Obroni angesehen«, sagt mein Bro, dessen Hautfarbe sich nicht sonderlich von meiner oder der meiner Schwester unterscheidet. »Das hat mich von Anfang an genervt und es stört mich auch jetzt noch, so genannt zu werden. Das passiert leider oft. In Deutschland bin ich der Schwarze, der das Kompliment erhält, gut Deutsch zu sprechen und die Leute fragen, woher ich wirklich komme. Und hier in Ghana bin ich dann der Weiße und die Leute glauben, ich bin entsprechend reich, weil ich aus Europa komme. Dabei muss ich auch gucken, wie ich mit meinem Geld klarkomme. Wenn ich aber sage, dass mein Vater ein Ghanaer ist, dann erkennen mich die Leute hier auch als einen Landsmann an. Zwar immer noch als reichen und weißen Ghanaer, aber immerhin als Ghanaer. Die Leute fragen mich auch nicht, wann ich wieder zurückgehe nach Deutschland. Sie fragen, ob ich bleibe, und sind fast enttäuscht, wenn sie hören, dass mein Visum nur ein Jahr lang gültig ist. In Deutschland hingegen werde ich oft nicht als richtiger Deutscher betrachtet, trotz deutscher Mutter«

Wir unterhalten uns noch eine ganze Weile und ich finde mich in so vielen Dingen wieder, die Emmanuel erzählt. Er spricht sogar schon ein bisschen Twi und verabschiedet sich, als es draußen dämmert. »*Mepachau meko*«, sagt er, und die Hausbewohner lachen und klatschen. »Entschuldigung, aber ich muss jetzt gehen«, übersetzt er uns, und wir bringen ihn zurück zur Tro-Tro-Station. Zum Abschied sagt er: »*Mepachau mekwaaba!*«

Ich gehe jetzt, aber ich komme wieder.

–

Ist das typisch deutsch? Oder bin das typisch ich? Ungeduld. Unbe-
friedigte Sensationsgeilheit. Leichte Unzufriedenheit.

Wir machen kaum Ausflüge. Orbit hat von Rita Marley erzählt,
die in den Bergen lebt – umgeben von Bäumen und Wasserfällen.
Und Cape Coast würde ich gerne sehen und den Kakum National
Park. Aber David hat keine Zeit für Sightseeing. Er muss Dinge
regeln. Den Hausbau vorantreiben. Außerdem hat er Stress mit sei-
ner Orangenfarm. Als er in Deutschland war, hat ein Fremder sein
Land einfach für sich beansprucht und alle Bäume ausgerissen. Wir
fahren also durch Accra und erledigen Dinge, fahren zur Police-
Station, um die Angelegenheit zu klären. Die Polizisten tragen Ma-
schinengewehre und necken meine Schwester, wollen, dass sie zu
ihnen in den Wagen steigt. Wir warten und warten und sie lassen
uns warten und warten. »Weil ich ihnen kein Geld gebe«, sagt Da-
vid. »Die sind doch alle korrupt«.

Und dann wieder Sachen erledigen, im Stau stehen, warten.
Und dann zu einer anderen Police-Station und warten. Und dann
zum Anwalt. In seiner Kanzlei hängt ein Bild von Obama und meh-
reren afrikanischen Männern. Ob wir Desinfektionsmittel dabei
hätten, fragt uns der Anwalt, nachdem er uns per Handschlag be-
grüßt.

»Because of the Ebola«, scherzt er und macht mit den Fingern
ein Klammerzeichen, als er das Wort »Ebola« ausspricht.

»Fortunately we don't have it here in Ghana«
Dann heißt es wieder warten und Dinge erledigen und warten. Zu-
mindest sehen wir unterwegs etwas von der Stadt.

Wenn wir nicht bei Akos essen, dann essen wir im »Champion
Dishes«. Bald habe ich mich durch die gesamte Karte gefressen. Heute
esse ich Fufu. Mit Erdnusssoße. Ohne Fleisch. Mit der rechten Hand.
Und mein Vater lächelt stolz.

Ich sollte die Momente mehr genießen. Ich sollte mich nicht immer
ärgern, denn das Leben ist jetzt.

AUF NACH KUMASI

»Esther! Diana! *Alles*!«
Akos weckt uns aus dem Tiefschlaf. Es ist erst kurz vor halb sechs morgens. Aber wir müssen aufstehen. Heute wird unser Vater uns pünktlich abholen, denn wir fahren nach Kumasi.
David wurde in Kumasi geboren und wuchs dort auf. Er hat dort Familie, Schwestern, Nichten, Neffen, seine Mutter, unsere Oma. Zur Feier des Tages ziehen meine Schwester und ich unsere ghanaischen Kleider an, die uns unser Vater im vergangenen Jahr aus Ghana mitgebracht hatte. Wenig später fährt unser Onkel vor. Die Männer holen uns ab. Es geht los.
Diesmal werden wir nicht im Tro-Tro nach Kumasi fahren, sondern in einem Reisebus. Wir fahren also zur Busstation, kaufen Fahrtickets in einer schwülwarmen Tickethalle, auf deren Dach ein Lautsprecher angebracht ist, aus der eine laute, völlig übersteuerte Stimme das Morgengebet für die Muslime ausruft. Der Deckenventilator in der Halle spendet nur wenig kühle Luft. Dafür läuft die Klimaanlage in dem riesigen Reisebus, in den wir einsteigen, auf Hochtouren und bringt mich zum Nießen. Dann geht die Fahrt los.
Die zweihundertsechzig Kilometer lange Straße zwischen Accra und Kumasi heißt Kumasi Route und ist derzeit die einzige Verbindung zwischen den beiden Städten. Wir fahren immer weiter geradeaus, bis die Asphaltierung irgendwann aufhört. Der Bus fährt über Schotterpiste, vorbei an anderen Bussen, Autos und Sprintern - im Schneckentempo. Zu unserer Linken sehe ich einen Lastwagen, dessen Hinterteil in einem Straßengraben hängt. Mit Holzpflöcken versuchen ein paar Männer das Gefährt daran zu hindern, gänzlich umzukippen. Seit über dreißig Jahren wird die Straße zwischen Accra und Kumasi gebaut, erklärt David. »Aber die bauen nicht fertig«, beschwert er sich, während der Busfahrer die Musik laut aufdreht. Reggae-Gospel auf Twi.

Ich schaue aus dem Fenster. Die Natur ist einfach herrlich. Sattes Grün, Bäume, Palmen, Sträucher und mit Nebel verhangene Berge. Irgendwann hört das Ruckeln auf, wir fahren wieder über asphaltierten Boden, der aber wenig später schon wieder verschwunden ist. Der Bus fährt jetzt über roten Sand. Ein Jeep überholt uns von links. Kinder laufen am Straßenrand entlang.

Ein Warndreieck. Rechts ein weiterer, liegengebliebener blauer Laster. Ob es hier den *ADAC* gibt? Ich bezweifle es.

Wir fahren an einem richtigen Dschungel vorbei. So viele verschiedene Bäume und Pflanzen auf einmal habe ich bisher nur im Fernsehen gesehen. Dicke Halme, Palmengewächse, Sträucher, hohe Bäume, Dickicht. Ab und zu sogar rote Blüten. Manche Bäume haben lange, dünne Stämme und meist relativ flache Baumkronen. Manche sind quasi von Kopf bis Fuß mit Blättern bewachsen und dickstämmig. Mangroven, Akazien, Kokospalmen, Baobab. Eine prachtvolle Kulisse zieht an uns vorbei.

An einer mintgrünen Raststätte mitten im Nirgendwo machen wir Pause, haben zehn Minuten Zeit und müssen zum ersten Mal Geld bezahlen, um die sanitären Anlagen nutzen zu dürfen. 50 *Pesewas*. Wir kaufen *Meat Pie* und *Spring Rolls*, die wir während der Weiterfahrt zum Frühstück verspeisen. Das Essen und die Musik machen schläfrig. Die Klimaanlage trocknet meine Atemwege aus. Als wir an der nächsten Raststätte aussteigen, erschlägt mich die Hitze. Außerdem gibt es hier kein richtiges Klo. Wer ein Geschäft zu erledigen hat, muss dies im Schutz der maroden Mauer einer Ruine tun.

Noch zwanzig Kilometer bis nach Kumasi und es knallt. Ein Unfall. Eine Frau in einem blau glänzenden Wagen hat unseren Bus gestreift. Ihr linker Seitenspiegel liegt auf der Straße und ihr schickes Auto hat eine große Beule vorne am Kotflügel. Der Bus fährt rechts ran. Der Fahrer steigt aus, diskutiert mit der Frau, klärt die Situation. Wieder ohne Polizei. Ohne ADAC. Dann fahren wir weiter, sind bald darauf in Kumasi.

Am Busbahnhof holt uns ein Verwandter von James ab, in dessen Haus wir die nächsten zwei Tage unterkommen. Auf den ersten Blick ist Kumasi eine sehr schöne Stadt. Zwar auch voller Menschen, aber nicht so voll wie in Accra, mit bergigen und auch ruhig gelegenen Straßen und Häusern. Außerdem fällt mir auf, dass in Kumasi viel mehr Menschen traditionelle ghanaische Kleidung tragen als in Accra. Bunte Kleider mit großen Schulterpolstern, Tücher auf den Köpfen und Röcke mit wunderschön verzierten Ornamenten.

Das Haus, in dem wir quartieren, hat fünf riesige Zimmer und ist von einem Hof umgeben, in dem Hühner und Katzen herumlaufen und Orangenbäume, Palmen und Zuckerrohrpflanzen wachsen. Wenn hier ein Haus gebaut wird, dann aber richtig, denke ich. Wenn du in Deutschland ein so großes Haus hast, bist du wahrscheinlich Millionär, lebst idyllisch mit deiner Familie in dem trauten Heim. Vielleicht seid ihr zu dritt oder zu viert, habt einen Hund. Größer werden die Familien bei uns heutzutage doch nur noch selten. In vielen ghanaischen Riesenhäusern muss allerdings Platz für mehr Menschen vorhanden sein. Da leben nicht nur Mutter, Vater und Kind, sondern auch Geschwister, Großeltern, Tanten, Onkel, Cousinen und Cousins.

Nachts können wir nicht schlafen. Neben den Hühnern gibt es hier auch einen Hahn mit weißem Gefieder und einem feuerroten, stolz aufgestellten Kamm. Seine Schönheit täuscht allerdings nicht über seinen Wahnsinn hinweg. Der Hahn hat nämlich einen Knall. Stündlich kräht er wie eine Kirchturmglocke – nur lauter, schriller, nervtötender. Er raubt uns den Schlaf. Diana meint, das Viel kräht sogar alle zehn Minuten und das seit zwei Uhr nachts und ich muss an Max und Moritz denken. Die haben doch die Hähnchen von Witwe Bolte erhängt. Eine Geschichte aus einer anderen Welt, Tausende Kilometer weit entfernt, die ich hier gerne in die Tat umsetzen würde. Ich bin müde. Hochschnäbelig und krähend stolziert er ums Haus herum, der fette Gockel. Immer und immer wieder. In den frühen Morgenstunden liefert er sich sogar einen Kräh-Wettbewerb mit den Hähnen aus den Höfen der Nachbarschaft. Dazu Grillenzirpen und Krötenquaken bis alles durch ein Vogelzwitscher-Konzert und morgendlicher Gospelmusik abgelöst wird. Wir sind hundemüde.

Um sieben Uhr morgens klopft unser Vater an der Tür. Wir sollen uns fertig machen. Völlig übermüdet freue ich mich auf eine warme Dusche, hier gibt es nämlich einen Wasserboiler im Badezimmer. Als ich unter der Dusche stehe, drehe ich das Gerät allerdings ein bisschen zu weit auf. Das Wasser wird so kochend heiß, dass ich mir die rechte Pobacke verbrenne und anschließend doch ziemlich kalt duschen muss, um mich von dem Schock zu erholen. Zumindest bin ich danach wieder wach.

Zum Frühstück gibt es Weißbrot belegt mit einer köstlichen Paste aus Sardinen und Zwiebeln, dazu reichlich Rührei und Tee, und die Dame des Hauses verlangt, dass wir alles aufessen. Da Alex weder Fisch noch Ei mag, isst er nur das Brot ohne Belag. Ich selber bekomme kaum einen Bissen herunter. Unruhezustände plagen mich. Erhöhte Herzfrequenz, Appetitlosigkeit, Übermüdung. Heute ist der Tag der Tage. Heute werde ich meine ghanaische Oma treffen. Diana scheint es ähnlich zu gehen. Zaghaft nippt sie an ihrem Tee, kaut langsam und bedächtig. In diesem Tempo sitzen wir in drei Tagen noch hier und haben noch immer nicht aufgegessen, denke ich. Zum Glück bekommen wir Verstärkung. David, James und Nana Yaw gesellen sich zu uns an den Tisch und langen ordentlich zu.

Nach dem Frühstück geht es los. Die Männer haben einen Bus organisiert. Eigentlich ein Tro-Tro, das unser Vater für den ganzen Tag mitsamt zweier Fahrer gechartert hat. Wir klettern auf die Rückbank. Die Fahrt beginnt.

Und da ist er, dieser Moment, nach dem du dich so lang schon sehnst. Alles verschwimmt.

–

*Es war einmal…Ich weiß nicht viel von meinem Opa aus Ghana.
Ich kenne nicht mal seinen Namen. Ich weiß nur, dass er sehr streng
gewesen sein muss, mein Vater hat sich oft mit ihm gestritten.*

*Mein ghanaischer Opa soll als Schuster gearbeitet haben und
David musste ihm als Junge oft in seinem Laden aushelfen. Eines
Tages legte mein Vater sich heimlich in das Hinterzimmer der Schus-
terei, um ein Mittagsschläfchen zu halten. Als er wieder aufwachte,
schwebte ein überlebensgroßer Schmetterling im Raum umher.
Monströs und riesig, eine unheimliche Geistererscheinung, die den
kleinen David vor Angst erzittern ließ und davonjagte.*

»Darum mag ich keine Schmetterlinge«, sagte mein Vater.

Keine Schmetterlinge. Keine Metamorphose.

Ohne Liebe kein Vertrauen.

Auch ich stritt oft mit meinem Vater…

Tagebucheintrag, Sonntag 11. Februar 2001:

*Er meckert mit mir, dass ich faul wäre und nie im Haushalt helfe.
Dabei mache ich immer alles sauber. Er sieht es bloß nicht. Er sieht
mich überhaupt nicht! Wenn er nur wüsste, was in meinem Leben
abgeht. Einerseits behandelt er mich wie ein Kind, wenn es ums raus-
gehen und Leute treffen geht und um meine Freiheit. Andererseits
kommen so Sprüche: »Du bist schon fünfzehn Jahre alt!« Warum
zieht er nicht einfach nach Afrika?*

Auch ich stritt oft mit meinem Vater…

Aber ich habe keine Angst vor Schmetterlingen.

*Der ghanaische Opa ist schon lange tot. Ich habe ihn nicht kennenge-
lernt. Er konnte mir nie etwas beibringen, so wie mein deutscher
Opa es tat. Den Unterschied zwischen Birken und Buchen oder wie
man Ofenholz stapelt, den Ölstand prüft und dass man die Auto-
scheinwerfer erst anschalten sollte, wenn der Motor bereits läuft.*

*Mit meiner deutschen Oma waren wir Kinder oft im Wald spa-
zieren, sie hat für uns gekocht und uns verwöhnt, wie Großmütter es
in Bilderbüchern tun. Ob diese märchenhafte Vorstellung von einer*

Großmama-Enkel-Beziehung auch in Ghana greift? Wie wird unsere zweite Oma uns empfangen? Werde ich ihr ähnlich sehen? Wo kommt mein Vater her? Warum ist er, wie er ist?

Fragen über Fragen in meinem Kopf, die sich in Luft auflösen, als wir vor einem riesigen Rohbau anhalten. Aussteigen. Das Herz klopft bis zum Hals. Kinder laufen auf uns zu. Frauen. Männer. Ein buntes Stoffbündel in meinen zitternden Händen. Ein Geschenk für die Großmutter. Stoff und Geld. Kein Kuchen. Kein Wein. Kein Märchen. Eine kräftige Frau begrüßt uns. Ruft. Lacht. Drückt mich an sich. Eine ältere Frau kommt auf mich zu, greift nach dem Stoff. Davids Stimme ertönt. Mahnend. Twi. Die Ältere lässt ab.

Sie ist es.

Nana Yaa Grace.

Vaters Mutter.

Unsere Großmutter.

Sie sieht aus wie Diana. Nicht wie ich. Sie umarmt mich. Kinder. Frauen. Junge Männer. Sie tragen Plastikstühle aus der Ruine. Blau und türkis. Wir setzen uns unter einen großen, dickblättrigen Baum. Auch hier gibt es Hühner. Sie klettern auf den Baum, hocken ganz oben im Geäst und schauen auf uns herab.

Kletternde Hühner? Ist das doch ein Traum? Ein kleines Mädchen kneift mich, murmelt etwas auf Twi. Ob ich Geld habe für Schulbücher, übersetzt ein älterer Junge. Mein Cousin. Einer von zehn. Oder elf? Die Kleine ist die Tochter seiner Schwester. Seine Schwester würde gerne nach Deutschland kommen, um dort zu arbeiten. Als Putzfrau vielleicht. Ob wir ihr helfen könnten? Ob wir jemanden kennen, der jemanden kennt?

Davids Stimme. Mahnend. Verärgert.

Die Stimme unserer Tante. Bestimmt. Gebieterisch.

»Give us your number!«

Die Großmutter nimmt Platz. Sie spricht kaum Englisch. Wir sprechen kaum Twi.

»Wo ho te sɛn?«

»Me ho yɛ, me da ase«

Wir überreichen ihr das Geschenk und hundertzwanzig Euro. Ein Lächeln in ihrem Gesicht. Empörung im Antlitz der kräftigen Tante. Auch sie verlangt nach einer Gabe. Schließlich sei sie unsere Tante. Wir reichen ihr ein paar Scheine. Wir setzen uns neben die Großmutter, lassen uns fotografieren. Auf der Veranda brodelt es aus einem Topf, der auf einem Ofen steht. Aber die Enkel bleiben nicht zum Essen.

–

»Er ist ein Ghettojunge, Esther«
»Jetzt wissen wir, warum er ist, wie er ist«
»Am Anfang ist jeder Mensch ein unbeschriebenes Blatt. Aber die ersten Jahre prägen dich. So, wie du aufwächst, die Erfahrungen, die du machst, deine Erziehung, so entwickelst du dich. Widersprüchliche Charakterzüge. Und plötzlich bist du das schwarze Schaf. Er weiß ja nicht mal, wie viele Geschwister er noch hat von seinem Vater«
»Jetzt wissen wir, warum er ist, wie er ist«
»Jetzt weiß ich, warum ich bin, wie ich bin«
»Ich auch«
»Es ist gut, wie es ist. Vielleicht hätten wir es damals nicht verstanden. Aber jetzt in einem Alter, wo wir vieles hinterfragen und hinterblicken, jetzt ist es gut«
»Hauptsache wir haben unsere Oma gesehen«

DIE GRÜNE STADT

Ich bin aufgewühlt, als wir uns verabschieden. All meine gefühlseligen Vorstellungen sind in trockener Ernüchterung versickert. Scheiß westlicher *Eurozentrismus*![14] Ich weiß nicht mehr, wie ich mich fühlen soll.

Meiner Schwester geht es ähnlich und auch Alex ist überwältigt, darum schweigen wir auf der Fahrt ins Stadtzentrum von Kumasi. Das Tagesprogramm lenkt ab. Wir besuchen einige Bekannte unseres Vaters, essen Pommes mit Ketchup in einem Restaurant, trinken rote Limonade in einer Bar und schlendern über einen kleinen Kunstmarkt. Hier sind die Verkäufer nicht so aufdringlich wie in Accra, wir kommen sogar mit einigen der Künstler ins Gespräch, lernen einen Kunststudenten namens Derick Addai kennen und kaufen ihm eines seiner Bilder ab. Eine afrikanische Frau, die ein Kind auf dem Rücken trägt und auf dem Kopf eine Schüssel. Die Schüssel ist aus echtem Holz und ihr Körper mit orange und grün gemustertem Stoff verziert.

Am frühen Abend fahren wir ein wenig durch die Stadt. Sightseeing. Unser Vater zeigt uns das Haus, in dem er geboren wurde und die Schule, die er als Kind besuchte.

Und dann erzählt Papa plötzlich.

»Früher war es schöner als jetzt«, sagt er. »Es war viel grüner als heute. Ich kenne mich hier überall aus in Kumasi. Wir haben als Kinder Zeitungen verkauft, morgens früh bevor wir in die Schule gingen. Hundert Stück, innerhalb einer Stunde hattest du die alle verkauft. Jede Zeitung für einen Cent, wir sind durch die halbe Stadt gelaufen vor der Schule. Die Schule fing so um halb acht oder acht an. Da waren wir routiniert, das war normal. Und die ganze Woche hattest du Geld in der Tasche. Das war viel

---

[14] »Der Begriff Eurozentrismus beschreibt die Beurteilung nichteuropäischer Kulturen aus der Perspektive europäischer Werte und Normen. Europa bildet hier das unreflektierte Zentrum des Denkens und Handelns« (https://de.wikipedia.org/wiki/Eurozentrismus)

Geld damals. Dann haben wir noch Vögel gefangen. Singvögel. In der Nacht haben wir sie uns geschnappt, als sie schliefen«

»Und die Leute haben euch die Vögel abgekauft?«

»Ja, die Weißen! Ein Cedi hat ein Vogel gekostet. Ich habe immer nur einen Cent Schulgeld von meinem Vater bekommen. Da war das Vogelgeld wichtig, um über die Runden zu kommen«

»Aber wie konntet ihr die Vögel fangen?«

»Nachts schliefen die auf einer Wiese, wir nannten sie Elefantenwiese. Tagsüber haben wir kleine Nester und Wege gebaut, um die Vögel anzulocken. Nachts haben sie sich dann dort schlafen gelegt. Dann haben wir sie gefangen und in unsere Käfige gepackt, über hundert Stück. Am nächsten Morgen ließen wir viele wieder frei und behielten nur die Schönsten. Die taten uns ja leid. Aber die Weißen haben sie uns aus den Händen gerissen, die waren ganz begeistert«

»Gab es denn damals schon viele Weiße in Kumasi?«

»Ja, schon. Aber die waren für sich. Die kamen nur ins Zentrum, um einzukaufen. Ansonsten wohnten sie außerhalb in einer Gegend. Aber die haben alles gekauft, egal was. Als Jungs sind wir in ihre Gärten geklettert und haben ihre Orangen geklaut. Und dann haben wir sie einfach an die Besitzer zurückverkauft. Das haben die gar nicht gemerkt. Die Früchte aus ihrem eigenen Garten wollten sie ja nicht. Die haben die Orangen einfach hängen gelassen, auch wenn sie schon richtig reif waren. Darum haben wir uns die Taschen vollgestopft, sind hierhergekommen und haben sie verkauft. Früher gab es hier auch mal einen Fluss und Antilopen, Buschantilopen. Die haben wir als Kinder gejagt«

»Wie kann man die denn jagen, die sind doch viel zu schnell?«

»Ja, darum haben wir sie ja gejagt. Fangen konnten wir die nie! Die waren immer schneller als wir. Hasen haben wir manchmal gefangen. Ja, abgesehen von meiner Familie war unsere Kindheit hier schön. Damals habe ich das nicht gemerkt, aber jetzt bin ich erwachsen. Ich dachte damals, das wäre ganz normal auf dieser Welt, dass Kinder so aufwachsen. Aber heute tut es mir sehr leid für die Kinder. Sie leben in Beton mit kaputten Straßen und Umweltverschmutzung. Guckt mal die Autos mit ihrem dicken Auspuff. Früher haben wir Autos gezählt. Am ganzen Tag kamen vielleicht zehn, zwanzig Autos zusammen. Und ein paar sind wieder zurückgekommen, die haben wir doppelt gezählt. Aber heute sind die Straßen verstopft. Überall. Früher war es sehr schön, alles hier war sehr schön. Kumasi war eine grüne Stadt«

–

Rückfahrt nach Accra. Regen über Ghana. Den ganzen Tag. Wenn es regnet, ist es doch überall doof.

Sitze im Bus und höre Musik. »Get free«. Und ich gucke aus dem Fenster und muss fast heulen. Und Papa sitzt neben mir und erzählt weiter: »Ich bin nicht besonders stolz darauf, dass ich aus Ghana komme. Guck, die Jungs, die unseren Wagen gefahren haben, die leben von der Hand in den Mund. Das Land ist ruiniert und die Regierung kümmert sich nicht«

„War die alte Regierung besser?", frage ich. Papa schnalzt mit der Zunge.

»Alle waren Scheiße! Als ich klein war, war es gut. Allein diese Straße hier. Früher waren es zwei Stunden von Kumasi nach Accra, dann war man da. Und heute? Vier, fünf Stunden? Es wird nichts getan. Dieses Land hat alles, was es braucht, Öl, Kakao, Gold, Edelsteine. Was wir hier haben, würde für alle reichen. Aber es passiert nichts«

Meine Gedanken kreisen. Schießen ungefiltert durch meinen Kopf. Ohne Struktur. Ohne Ordnung.

Zum Abendessen servierte uns die Frau des Hauses Spagetti mit Würstchensoße. Für David, James und Nana Yaw gab es frisch gestampftes Fufu mit Fischsuppe. Am liebsten hätte ich auch Fufu gegessen. Aber die Männer dachten, wir Deutschen äßen dieses Fufu nicht. Nett gemeint, ich weiß. Und die Wurstnudeln waren auch sehr lecker. Trotzdem kam ich nicht umhin, mich über die Sonderbehandlungen zu ärgern, denen wir bisweilen ausgesetzt werden.

»Wir sind halt keine hundertprozentigen Deutschen«, sagte Diana abends beim Zähneputzen. »Aber wir sind auch keine Ghanaer. Wir sind irgendwas dazwischen«

Als wir wieder in Accra ankommen, fahren wir zu Papas Haus. Es macht Fortschritte. Die Arbeiter haben Boden und Decken verlegt. Ich laufe durch die fünf Zimmer und mache Fotos und freue mich und komme mir gleichzeitig mies vor, wie die reiche verwöhnte Tochter aus dem Westen.

Papa sagt, alles ist gut. Er habe angefangen ein Haus für seine Familie in Kumasi zu bauen, aber die unterstützte ihn kaum beim Bau, nutzte seine mühsam erarbeiteten Ressourcen für andere Dinge. Darum blieb nichts als eine Ruine. Papa erzählt, dass er noch ein Haus baute, in Accra. Weit weg von Kumasi. Trotzdem hilft er noch immer. Weit weg von Kumasi. Weit weg von Ghana. »Aber ihr sollt euer eigenes Leben führen«, sagt er zu seinen Töchtern.

Abendessen beim Apostel. Reis mit Soße. Sein jüngster Sohn hat Malaria, läuft fiebrig im Schlafanzug durchs Wohnzimmer und hat ganz heiße Hände. Der Fernseher läuft beim Essen. Zum ersten Mal nach über einer Woche sehen wir Nachrichten. Der Gaza-Krieg ist immer noch in vollem Gange.

Abends erzählen wir Joseph, dass der Hahn in Kumasi uns nicht schlafen ließ. Aber er meint, unsere Schlaflosigkeit läge nicht am Hahn, sondern daran, dass wir zu viele Gedanken im Kopf hätten, die an uns nagen. Wenn man wirklich müde sei, dann störe einen auch kein Hahn.

Was nagt an mir?

FLAU

Alex ist flau im Bauch. Er will im Haus bleiben, ein bisschen chillen und mit den Kindern spielen. Aber Diana und ich wollen unbedingt raus. Uns bleibt nicht mehr viel Zeit, dann geht es zurück nach Deutschland. Darum begleiten wir unseren Vater bei einer seiner täglichen Touren durch Accra: Dinge erledigen und Angelegenheiten arrangieren. Kein Ausflug. Kein Sightseeing. Der übliche Trott. Aber Hauptsache, wir sehen etwas.

Heute will David eine Badewanne kaufen. »Hier gibt's kein' Baumarkt«, sagt er und lacht, als wir uns im Schneckentempo durch die verstopften Straßen schieben.

Der Himmel ist trüb, genauso, wie meine Stimmung. Da ist plötzlich so viel Elend auf den Straßen. So viel Armut. Ich kann das Leuchten kaum noch sehen, bin heute nicht empfänglich für *Good Vibrations*.

Ein Junge führt einen blinden, hinkenden Mann über die Straße. Als die beiden direkt vor meinem Fenster anhalten, erstarre ich, bin wie gelähmt. Zum Glück zückt mein Vater sein Portmonee und steckt den beiden ein paar Cedis zu. Wir fahren weiter, vorbei an Baracken, Slums, barfüßigen Kindern, Bettlern und einer riesigen Müllhalde voller Elektroschrott.

Agbogbloshie, die giftigste Mülldeponie Afrikas. In der Ferne erkenne ich schmale Gestalten. Kinder, die in den hohen Schrottbergen nach etwas Brauchbarem suchen, mit dem sie ihr Leben bestreiten können. Eisen, Kupfer, Aluminium aus weggeworfenen *I-Phones*, Laptops oder Fernsehapparaten aus Europa, direkt hierher verschifft. Täglich in riesigen Containern. Die Schadstoffbelastungen in Boden und Luft übersteigen die Grenzwerte drastisch. Darüber gibt es Dokumentationen im Fernsehen und im Internet. Aber im Fernsehen und im Internet ist alles so weit weg, unwirklich und schwer zu begreifen. Das hier ist echt. Das hier ist beschämend. Und niemand tut was. *Liebe Grüße aus der Wegwerfgesellschaft.*

Bei der Oma meines Freundes steht eine Waschmaschine im Badezimmer, auf der klebt ein Sticker mit der Aufschrift: *Lebenslange Garantie*. So etwas findest du heute nicht mehr. Wir leben in Zeiten des geplanten Verschleißes. Läuft die Garantie ab, gibt auch dein Elektrogerät bald den Geist auf. Du sollst dir ein neues kaufen. Du musst die Wirtschaft ankurbeln und konsumieren. Und wohin mit dem alten Schrott? Nach Afrika. Wir leben in einem Wirtschaftssystem umweltzerstörerischen Wahnsinns, das Nachhaltigkeit zum Feindbild erklärt hat. Dafür wird der Wettbewerbsvorteil vergöttert und die Müllberge in Agbogbloshie und überall auf der Welt wachsen.

Nach fast zwei Stunden im Verkehr Accras kommen wir an. Das Sanitärgeschäft liegt in einer Gegend mit heruntergekommenen Häusern und Buden. Waschbecken und Toilettenschüsseln sind auf der Straße vor dem Laden aufgebaut.

»Der Verkäufer hat gesagt, ihr könnt euch da hinsetzen«, sagt unser Vater, und Diana und ich nehmen auf einer rosa Kloschüssel Platz. Dann warten wir, während die Männer sich unterhalten. Und die Männer unterhalten sich lange.

Im Radio läuft Reggae, zwischendurch spricht ein Moderator euphorisch über »the issue of alcohol and marihuana consumption« Eine Frau in grün-schwarz gestreiftem Kleid schlendert am Laden vorbei und kaut auf einem langen Stück Zuckerrohr, spuckt den faserigen Rest einfach auf den Boden. Gegenüber ein kleiner Beautysalon in Form einer grün angestrichenen Bretterbude. Zwei Frauen sitzen davor, die eine flechtet der anderen die Haare. Ein kleines Kind spielt derweil nah am Abwassergraben, der den Straßenrand säumt, und ich schaue weg, aus Angst davor, der Kleine könnte jeden Moment hineinfallen.

Irgendwann geben sich David und der Verkäufer einen Handschlag. Der Verkäufer stellt unserem Vater eine Rechnung aus, verwendet blaues Durchschlagpapier, um eine Kopie anzufertigen. Kein Computer, kein Scanner, kein Drucker, keine elektrische Kasse. *Here we use our hands.*

»Das ist gut. Ich habe ihn richtig runtergehandelt. Der halbe Preis« David grinst und spricht auf Deutsch, sodass der Verkäufer ihn nicht versteht.

Das Kind ist nicht in den Graben gefallen. Dafür schnellt seine Mutter herbei und reißt dem Kleinen die Hose herunter, gibt ihm einen Klaps auf den Hintern. Das Kind schreit.

»*Dabi*!«, rufen David und James wie aus einem Munde. *Nein*, Kinder schlägt man nicht...

Die Frau übergießt das Kind mit kaltem Wasser. David spricht mit ihr und erklärt später lachend, dass der Kleine sich in die Hosen gemacht habe, aber nicht gewaschen werden wollte.

»Ein Sturkopf!«, sage die Mutter.

Irgendwann kommt dann eine Frau zu uns, bleibt vor dem Laden stehen. Sie trägt ein blaues Kleid, ein Baby auf dem Rücken und unsere Badewanne auf dem Kopf bis zu unserem Auto. Das Baby heißt Ramadan und schläft friedlich. David und James geben der Frau Trinkgeld und unser Vater sagt: »So ist Afrika! Viel Armut. Schlimm!«

Ich kann mich nicht mehr umsehen, senke meinen Kopf. Da entdecke ich ein Funkeln im lehmigen Boden. Mit dem Fuß scharre ich an der glitzernden Stelle, ein schimmernder Stein kommt zum Vorschein. So wunderschön und glänzend. Ein Silberstreif.

–

»Wer hat Angst vorm schwarzen Mann?«
»Keiner!«
»Und wenn er kommt?«
»Dann laufen wir!«
Die Kinder auf den Straßen Accras rufen mich Obroni und Joseph hat von seiner ersten Begegnung mit einer Weißen erzählt. Da war er noch ein Kind und lief damals weinend davon. Die »Weiße« hatte die gleiche Hautfarbe wie ich.
Die Welt ist schwarz-weiß.
Unser Vater sagt, er sei nicht stolz darauf, aus Ghana zu stammen. Er wollte seine Töchter erst mitnehmen, wenn er es endlich geschafft hätte, alles zu regeln. Genau wie in Deutschland. Dabei ist Ghana ein wundervolles Land.
Ob ich stolz darauf bin, in Deutschland geboren worden zu sein? Nein. Stolz kann man doch nur darauf sein, was man selbst erreicht hat. Bestenfalls gute Taten. Geburtsrecht? Reiner Zufall! Aber die Welt ist schwarz-weiß.
Ich wollte immer normal sein. Und Ghana sollte als Schlüssel dienen. Ich wollte immer normal sein und passte mich an. Aber da nagt etwas an mir.
Wie kann ich nächste Woche wieder im grauen Büro sitzen und auf meinen Bildschirm starren, als wäre ich nie in dieser traurig bunten Welt gewesen? Wie kann ich mit Sekt anstoßen und Smalltalk über Segelboote oder Kreditkarten lauschen, als wäre nichts gewesen? Als wäre alles in Ordnung mit dieser Welt. Champagner für alle.
Wir sind irgendwas dazwischen, sagt meine Schwester. Dazwischen. Das Wort klingt komisch. Aber dazwischen ist gut. Dazwischen gefällt mir.
»Wenn du nicht weißt, woher du kommst, kannst du auch nicht wissen, wohin du gehst« Aber wir alle wissen doch nicht, woher wir kommen. Woher wir wirklich kommen...
Ich soll Farbe bekennen?

Gut.
Die Welt ist nicht nur schwarz-weiß!
Es ist doch egal, welche Hautfarbe du hast. Und auch die Struktur deiner Haare sagt nichts darüber aus, wie es in dir drin aussieht. In deinem Herzen. In deiner Seele. Wo deine Wurzeln ruhen.
Wir alle sind Menschen, es spielt keine Rolle, wo wir geboren sind, wo wir leben oder wo wir herkommen. Wir alle sind Menschen.
Eine gute Freundin sagte mal zu mir, dass man Frieden schließen muss. Das ist die Lösung.

MEPACHAU MEKWAABA

Auch wenn die letzten Tage wie im Flug vergehen, sind sie so ergiebig wie Jahre.

Der letzte Morgen bricht herein und die Welt um uns herum ist bereits hellwach und auf den Beinen. Vögel zwitschern, Frauen singen, in der Ferne ertönt eine Zugsirene, ab und zu kräht ein Hahn. Georgina kehrt den Hof, den Oberkörper nach vorne gebeugt, die linke Hand auf den Rücken gelegt. Sie ist dreizehn Jahre alt. Zwischen ihr und den Teenagern aus Deutschland liegen Welten.

»I'm gonna miss you«, sagt Akos und es bricht mir das Herz.

»We will miss you, too. We will see each other again«
Nach dem Aufstehen spielen wir mit den Kindern und machen einen letzten Spaziergang mit den Frauen des Hauses. Dann kommt unser Vater und sammelt uns ein. Heute muss er nichts erledigen. Er fährt mit uns zu einem Markt in Taifa. Viele Menschen, Gedränge, Gerüche nach Gewürzen und Ziegenfleisch und Hühnern in großen Käfigen. Eine Frau bietet Mörser und Stößel an. »Das heißt *Aportoryewa*«, sagt unser Vater. Er spricht das Wort so schnell aus, dass ich es nicht wiederholen kann. Die Frau verkauft die *Aportoryewa* für fünf Cedis, also umgerechnet für knapp einen Euro und mein Vater fragt:

»Wie kann diese Frau leben, wenn sie die Sachen so billig verkauft?« Ich kaufe einen der Mörser mit Stößel und beschließe, dieses afrikanische Küchengerät in Ehren zu nutzen.

Ein letztes Mal besuchen wir den Nachbarn mit dem schönen Garten, essen Orangen und lutschen an den süßen Beeren, deren Namen niemand kennt. Dann gehen wir rüber, nochmal zum Haus und verabschieden uns von der kleinen Ute und ihrer Familie, während die Bauarbeiter die Wände im Haus anstreichen. Papas müdes Gesicht erhellt sich, sieht zufrieden aus.

Am Nachmittag heißt es Koffer packen, aber zügig. Der Flieger kommt bald, der Weg zum Flughafen ist lang und der Apostel hat uns vorher noch zum Essen eingeladen. Alles geht auf einmal so schnell. Nana Yaw holt uns ab. Akos, Feli und Josephine steigen mit uns in den Wagen und wir fahren los. Das soll es also gewesen sein, denke ich rührselig und sentimental, während wir durch die Straßen fahren.

Als wir das Tor zu Apostel Boakyes Hof öffnen, fällt mir allerdings die Kinnlade nach unten. All die Kinder aus der Nachbarschaft, mit denen wir die letzten Tage so viel Zeit verbrachten, stürmen auf uns zu und umarmen uns. Kelvin, die kleinen Attas, Erikah, Agnes, Kwameh, Elvis, Ute, alle sind sie da und auch die Erwachsenen, die wir kennenlernen durften, empfangen uns herzlich. Sie sind herausgeputzt, tragen festliche Kleidung, es läuft Musik und es gibt Essen für alle.

Akos nimmt mich an den Händen und führt mich auf die Tanzfläche in die Mitte des Hofes.

Und ich tanze.

Like nobody's watching.

Balsam für die Seele.

Freiheit für das Herz.

Und dann heißt es wirklich Abschied nehmen. Apostel Boakye bittet uns ins Wohnzimmer und stimmt ein Lied an, wir stehen Arm in Arm, Hand in Hand im Kreise.

»We thank you Lord, we thank you Lord. We thank you Jehova, we thank you Lord«

Und wir singen mit. Und Alex, rechts neben mir, schnaubt durch die Nase und ich denke »Oh nö! Der kann doch jetzt nicht anfangen zu lachen«

Aber Alex lacht nicht. Er hat glasige Augen. Abschied nehmen tut weh.

Dann geht alles noch schneller. Begleitet von unseren Freunden laufen wir ein allerletztes Mal durch die sandigen Straßen Taifas, um unsere Koffer aus Akos' Haus abzuholen.

Als wir auf der Rückbank von Nana Yaws Tro-Tro sitzen, das sich langsam in Bewegung setzt, wirft uns einer der kleinen Attas zum Abschied eine Kusshand zu. Ein Bild, das ich nicht mit der Kamera festhalte, in meinem Herzen aber sehr wohl. Ein Bild, das ich niemals mehr vergessen will.

Wir bleiben im Verkehr stecken. Auf dem Mittelstreifen neben uns sitzen Frauen und verkaufen Nüsse. Eine der Damen erhebt sich und fängt an zu singen, die anderen stimmen mit ein. Die Leadsängerin tanzt, nimmt einer Kollegin den Hut vom Kopf, setzt ihn sich auf und ruft: »Mama Afrika!«

Im Hintergrund die Dächer Accras in der langsam untergehenden Sonne. Und dann schießen auch mir heiße Tränen in die Augen.

Papa fliegt nicht mit nach Deutschland. Er muss ja noch viel erledigen und bleibt eine Woche länger.

»Na, hoffentlich können dich die Beamten auf dem Rückflug auch identifizieren. Du hast dem Prediger ja kein Geld gegeben«. Ich scherze und versuche den Kloß in meinem Hals herunterzuschlucken. Papa nimmt uns in den Arm.

»Es war die schönste Zeit«, sagt er zum Abschied.

Der Bus

Akos, Esther, Papa und Diana

Erikah und Esther

Elvis, Agnes, Erikah, Alex, Kwame, Kenneth und Kelvin

Köstliches Obst in Accra

Labadi Beach

Mehr Infos und Bilder unter: www.krauselocke.de